DE

L'ASSISTANCE PUBLIQUE

A PARIS

PAR

PAUL FEILLET

ANCIEN CHEF DU CABINET DU PRÉFET DE LA SEINE

ANCIEN SOUS-PRÉFET

DIRECTEUR DE L'INTÉRIEUR A LA GUADELOUPE

AVEC UNE PRÉFACE

PAR

M. STRAUSS

MEMBRE DU CONSEIL MUNICIPAL DE PARIS

PARIS

BERGER-LEVRAULT ET Cie, LIBRAIRES-ÉDITEURS

5, RUE DES BEAUX-ARTS, 5

MÊME MAISON A NANCY

1888

A

M. GEORGES VAN CAUWENBERGHE

CONSEILLER D'ARRONDISSEMENT

MAIRE DE SAINT-POL-LÈS-DUNKERQUE

Souvenir affectueux.

P. FEILLET.

L'assistance publique est un des rouages essentiels des sociétés modernes ; il n'est pas possible, dans l'état actuel de notre civilisation, d'imaginer un peuple qui n'ait ses pauvres, ses malades, ses infirmes, ses orphelins, ses vieillards. De quelque manière qu'elle s'exerce, de quelque nom qu'elle s'appelle, l'intervention de la collectivité, commune, département, État, est à la fois une nécessité et un devoir, une charge et un honneur.

Ce n'est pas que la charité privée, la philanthropie individuelle, doive être restreinte dans ses efforts et amoindrie dans sa clientèle. L'assistance publique ne cherche pas à faire disparaître l'assistance privée ; elle s'efforce, au contraire, de la susciter et de la seconder. Malheureusement le champ des misères est trop vaste pour ne pas laisser place aux libres initiatives comme aux responsabilités collectives.

Le temps viendra sans doute où, de plus en plus, les institutions de prévoyance, les caisses d'assurances, les caisses de retraites, les société de secours mutuels, atténueront les devoirs de l'État en matière d'assistance. L'établissement d'un système complet de mutualité n'est pas un rêve interdit aux penseurs. Mais la réalité contemporaine n'ouvre que timidement la porte à ces espoirs lointains !

Il faut aller au plus pressé, soulager les misères, secourir les infortunes, abriter les vagabonds, recueillir les pauvres petits enfants abandonnés et les malheureux vieillards désespérés. La tâche est trop urgente pour ne pas retenir toute notre attention, pour ne pas s'imposer à la sollicitude passionnée de tous les citoyens.

Que l'organisation soit plus ou moins rudimentaire, plus ou moins parfaite, ce n'est là qu'un point secondaire ; l'essentiel est d'agir ; le reste viendra par surcroît, suivant une parole célèbre.

L'auteur de cette étude sur l'*Assistance publique à Paris*, M. Paul Feillet, s'est inspiré de cette vue ; il a voulu tracer une monographie sincère, exacte, scrupuleuse, de notre organisation hospitalière. Bien placé pour voir et pour entendre, il a pris ses renseignements à bonne source ; il n'a négligé aucun détail, tout en se gardant de se perdre dans les minuties.

C'est avec un vif plaisir que j'ai lu cette étude, dans laquelle l'habile administrateur passe en revue, l'un après l'autre, tous les compartiments de cette maison compliquée connue sous le nom d'administration de l'assistance publique de Paris. Il ne s'est pas borné au rôle de cicerone ; il a, chemin faisant, apporté son avis et dit son mot personnel. Çà et là peut-être il y aurait désaccord entre nous sur telle ou telle appréciation professionnelle ou administrative ; mais, sur le fond des doctrines, le même sentiment nous guide : une passion égale pour le développement d'une grande et belle institution de prévoyance parisienne.

M. Feillet s'est renfermé dans les frontières du département de la Seine ; il a tenu à montrer le conseil municipal de Paris et le conseil général de la Seine en exemple. Ce n'est pas une exagération que de louer notre organisation hospitalière, notre assistance à domicile et surtout nos services d'enfants assistés et d'enfants moralement abandonnés.

Il n'y a, dans ces éloges, aucune part faite à la partialité politique non plus qu'à l'esprit de clocher. Paris ne recule devant aucun sacrifice pour doter largement ses hôpitaux, ses bureaux de bienfaisance, ses hospices, ses asiles de toute sorte ; il a d'autant plus de mérite à le faire qu'il pratique l'hospitalité la plus complète et qu'il n'est pas payé de retour. C'est un point qu'a effleuré M. Feillet dans son travail ; Paris est coutumier de générosité ; il ne faillira pas à ses traditions hospitalières ; il continuera, comme par le passé, à secourir des indigents, des malades, des aliénés, des enfants abandonnés, venus de toutes les parties de la France et de tous les points du globe.

Au point de vue de l'enfance abandonnée, le conseil général de la Seine a résolu le problème de l'assistance infantile. Les secours pour prévenir les abandons (allocation d'une nourrice, secours d'allaitement, secours une fois donnés, secours de nourrices), abondamment distribués, récemment élevés quant à leur taux, sont une des formes les plus ingénieuses et les plus efficaces de la prévoyance hospitalière. Le but à atteindre est complexe : d'une part, donner la sécurité à la fille-mère avant sa délivrance ; de l'autre, éviter les abandons. Si la mère ne peut pas conserver son enfant, si elle se trouve dans l'impossibilité ou de l'allaiter ou de le nourrir elle-même, si des raisons sociales lui interdisent de veiller sur lui, la porte de l'hospice dépositaire doit être grande ouverte, sans certificat d'origine, avec la garantie du secret. C'est, à vrai dire, le tour, avec les inconvénients matériels en moins.

Au contraire, si la future mère, légitime ou non (car cette action prévoyante ne doit pas être réservée aux filles-mères seulement), n'est arrêtée que par la misère dans l'accomplissement de ses devoirs maternels, un secours régulier, en argent, en berceau, en layettes, est la meilleure forme d'intervention, la plus bienfaisante, la plus efficace, la plus morale.

La grande Assistance publique, avec son puissant mécanisme, avec ses bienfaits, est assurément digne du plus haut intérêt ; aucune partie ne l'emporte sur l'autre ; mais, s'il était permis de faire un choix, et si le rapporteur du service des Enfants assistés au conseil général de la Seine n'était pas suspect en la matière, ne pourrait-on avancer que cette question de l'enfance abandonnée, délaissée, maltraitée, est au premier rang de celles qui doivent préoccuper le Gouvernement et le législateur?

L'avenir est dans l'enfance. Ces petits martyrs, ces êtres que des parents indignes jettent sur le pavé de la rue, exposés à toutes les séductions, à toutes les défaillances, ce sont des proies faciles pour le vice et pour le crime, et c'est le devoir d'une société soucieuse de ses intérêts comme de ses responsabilités d'arracher ces victimes au milieu qui les démoralise et les dégrade.

Pour modeste qu'elle soit, cette question de l'enfance abandonnée est une des plus hautes, des plus graves qui soient au monde. Il est temps que partout les conseils généraux s'en soucient, à l'exemple du conseil général de la Seine et de plusieurs autres ; il est temps que les Chambres votent une loi sur la déchéance de la puissance paternelle, sur la suppression du domicile de secours, avec une dotation d'État pour l'entretien des hospices dépositaires et pour l'éducation des enfants assistés et moralement abandonnés.

Aussi, tout ce qui est de nature, comme la consciencieuse monographie de M. Paul Feillet, à mettre en lumière l'importance du problème hospitalier, est-il un service rendu à la cause de l'assistance publique, à la cause des souffrants, des malheureux, des abandonnés de tout âge et de tout sexe, des vieillards tombés en enfance aussi bien que des enfants vieillis avant l'âge ; en somme, au meilleur sentiment qu'il y ait dans l'homme, à celui de la sympathie pour les humbles et de la solidarité avec les misérables.

Paul Strauss.

DE

L'ASSISTANCE PUBLIQUE A PARIS

I. — Règles de l'organisation de la bienfaisance en France. — Différences avec l'organisation parisienne : loi de 1849.

Le service des secours publics en France est régi par la loi du 7 août 1851 sur les hospices et hôpitaux, et par les lois des 21 mai 1873 et 5 août 1879 [1] relatives aux commissions administratives des bureaux de bienfaisance.

Il y a lieu tout d'abord de faire observer que l'on a séparé les deux branches de secours publics. Elles ne sont pas placées dans les mêmes mains, ni soumises aux mêmes règles. Un seul principe leur est commun : leurs rapports étroits avec les administrations municipales, et leur autonomie relative, sous la seule tutelle administrative des préfets. C'est l'unique lien qui rattache le service des secours publics à l'État. La commune elle-même n'a qu'une action très restreinte en droit. On est donc en présence d'une situation rare en France : l'administration d'un grand service public confiée, sous des règles assez étroites d'ailleurs, à l'initiative et en grande partie aux ressources financières des particuliers.

Il y a donc lieu de distinguer nettement les deux branches de cette administration.

La plus ancienne, celle qui a été longtemps considérée comme la seule effective, est l'administration des hospices et hôpitaux. — Ce n'est qu'à une époque relativement récente que l'on a donné le développement qu'il mérite au service des secours à domicile. Sans doute la loi du 7 frimaire an V fonda bien des bureaux de bienfaisance,

1. Voir sur cette dernière loi, l'étude de M. Puibaraud, *Revue*, 1881, t. II, p. 5.

mais ce n'est que beaucoup plus tard que l'on s'est occupé sérieusement de ces institutions reconnaissant qu'il valait mieux favoriser leur développement que celui des hospices.

Les hôpitaux et hospices sont des personnes morales jouissant de la capacité civile dans une mesure analogue à celle des communes ; leur existence est liée par quelques côtés à celle des communes, tout en en restant réellement distincte.

En effet, c'est le maire qui est président de droit des commissions administratives des hôpitaux et hospices.

Mais la direction de l'administration ne lui appartient pas.

La commission possède elle-même cette direction par exception au principe général de notre droit administratif : délibérer est le fait de plusieurs, agir est le fait d'un seul.

Cette dérogation s'explique d'ailleurs fort bien. L'idée dominante dans la législation des hospices a été d'attirer les charités privées. Or un des moyens les plus actifs à ce point de vue consiste à offrir aux personnes généreuses une occasion de prendre une part effective à l'administration charitable ; de là multiplication des commissions dans tous les services de l'administration hospitalière.

Ces commissions se composent d'après la loi modificative du 5 août 1879, du maire et de six membres renouvelables, dont deux sont élus par le conseil municipal, et quatre nommés par le préfet.

Le nombre des membres de la commission peut d'ailleurs, selon l'importance des établissements, être augmenté par décret.

Les pouvoirs de la commission sur l'administration des hospices sont à peu près les mêmes que ceux du conseil municipal sur l'administration de la commune, d'après la loi de 1837 ; on y retrouve la même distinction entre les objets qui sont réglés définitivement sauf annulation par le préfet, et les objets sur lesquels la commission prend une délibération valable seulement après avis du conseil municipal et approbation du préfet.

La comptabilité est celle des communes réglée par l'ordonnance du 31 mai 1838.

La commission nomme les médecins, chirurgiens, etc., qui ne peuvent être révoqués que par arrêté préfectoral.

La commission des hospices a la tutelle des enfants aliénés dans les hospices. (Lois des 15-25 pluviôse an XII.)

En cas d'inexistence ou d'insuffisance d'établissements hospitaliers, le conseil municipal peut traiter avec un établissement privé pour les soins à donner aux malades et aux vieillards de la commune.

Au point de vue du droit au secours dans un hospice, l'article 1er de la loi de 1851 pose un principe général, résultant de la nécessité des choses et de la simple humanité : Il n'y a aucune condition de domicile.

Cela constitue la différence fondamentale avec le service des secours à domicile, qui, en général, exige de l'administré un séjour d'un an. (Loi du 24 vendémiaire an II.)

Ces deux branches de l'administration des secours publics sont cependant trop connexes pour que la loi n'ait pas dû tenir compte de leurs rapports naturels. Aussi voit-on dès 1851 que les commissions des hospices et hôpitaux peuvent, de concert avec les bureaux de bienfaisance, consacrer une partie de leurs revenus, jusqu'à concurrence d'un cinquième, à des secours à domicile en faveur des vieillards ou infirmes placés dans leurs familles. Cette proportion a été portée au quart par la loi de 1873 ; elle peut même l'être au tiers avec l'assentiment du conseil général.

Dans ce cas, il y a, sur certains points, une véritable confusion entre ces deux services, et l'on peut dire que la commission des hospices remplit *pro parte* l'office du bureau de bienfaisance.

Les bureaux de bienfaisance, organisés par la loi du 7 frimaire an V, sont actuellement régis par la loi du 21 mai 1873, modifiée par la loi du 5 août 1879.

L'organisation des commissions administratives des bureaux de bienfaisance est la même que celle des hospices et hôpitaux.

Mais les pouvoirs de ces commissions n'ont été réglementés en détail par aucune des lois sur les secours publics. La loi du 7 frimaire an V se borne à dire que les bureaux de bienfaisance feront la répartition des secours à domicile et recevront les dons des particuliers. On le voit, les intérêts de ces bureaux de bienfaisance sont absolument distincts de ceux des hospices. Ils ont un budget séparé et leur organisation est plus embryonnaire.

Mais, à cause des idées actuelles, ils sont appelés à un grand développement, et nous aurons à en parler longuement à propos de l'organisation parisienne.

Telle est à grands traits l'organisation de la bienfaisance en France. Tout autre est cette organisation à Paris.

Originellement, le principe de la séparation des deux branches de l'assistance était en vigueur à Paris comme en France. Cette organisation n'était pas sans présenter de graves inconvénients. En effet, selon les villes et la nature de leur population, les secours hospitaliers prennent, par rapport aux secours à domicile, une importance très variable. Par le fait de la séparation des deux services, il peut arriver que celui des deux qui est d'une moins grande utilité se trouve plus largement doté que l'autre. Les hospices et hôpitaux en général profitent d'une plus longue tradition et d'une habitude invétérée dans les familles charitables. Dans les centres de peu d'importance, ils sont souvent dotés d'une manière exagérée au préjudice des bureaux de bienfaisance, dont les besoins sont bien plus considérables.

Aussi les lois de 1851 et de 1873 ont-elles, comme nous l'avons indiqué plus haut, porté remède en partie à ce grave inconvénient, en autorisant la fusion pour une part de plus en plus importante des revenus des hospices et hôpitaux avec ceux des bureaux de bienfaisance, afin d'augmenter la dotation du service des secours à domicile.

Il y a donc là un essai de cette concentration des services que l'immense développement de la vie parisienne avait nécessitée d'une manière complète dès 1849.

En effet, les vices de l'organisation générale de la bienfaisance publique en France se sont manifestés à Paris avec plus d'évidence qu'ailleurs, et le besoin d'une réforme s'y fit plus vivement et plus rapidement sentir.

Il est intéressant d'indiquer comment s'est faite cette réforme, et quelle discussion elle a soulevée à l'Assemblée nationale de 1849.

Un point était admis par tout le monde : il fallait réunir dans les mêmes mains, centraliser en un mot, les diverses administrations éparses des hospices, hôpitaux et bureaux de bienfaisance.

Mais le débat porta presque tout entier sur la question de savoir si, d'après le système de la loi de 1838 sur les aliénés, la responsabilité de la direction incomberait à une commission, ou à un agent d'administration seul agissant et seul responsable ; c'est donc le principe même de l'an VIII qui fut mis en discussion.

La commission penchait pour la responsabilité collective, soit en admettant la création d'un directeur qui partagerait la responsabilité avec le grand conseil de l'assistance publique. Elle donnait à ce conseil un rôle prépondérant dans l'administration de l'assistance publique. Le projet de la commission ayant été retiré par elle après l'échec du principe même, on se trouva en présence du projet du Gouvernement, qui est devenu, sauf quelques légères modifications, la loi du 10 janvier 1849.

Cette loi ne trace que les grandes lignes de l'administration de l'assistance publique, laissant à des règlements d'administration publique le soin d'en organiser le fonctionnement dans ses détails.

Cette loi est un retour au principe de l'an VIII, et ne laisse donc au conseil de surveillance qu'un droit de contrôle et d'avis.

Le directeur de l'administration est vraiment le chef des services de secours publics, placé d'une part sous l'autorité supérieure du préfet de la Seine et du ministre de l'intérieur, et de l'autre, sous la surveillance d'un conseil dont la composition fut réglée par l'arrêté du Président de la République du 24 avril 1849.

L'article 1er de la loi pose nettement ce principe, ainsi que celui de la réunion des deux services des secours à domicile, des hôpitaux et hospices civils.

La différence capitale avec l'organisation du droit commun apparait donc clairement.

Au lieu d'avoir à Paris une réunion de plusieurs personnes morales, possédant chacune son administration propre, un budget particulier, ses ressources parfois disproportionnées avec les besoins auxquels elle doit satisfaire, on est en présence d'une administration unique, fortement centralisée, disposant de ressources considérables qu'elle peut répartir avec équité. Nous verrons plus loin que cette centralisation, tout en diminuant l'initiative et l'autonomie des œuvres de bienfaisance locale, ne nuit pas aux intérêts des pauvres, puisqu'elle ne va pas contre les habitudes de la charité privée qui, en général, tient à soulager de préférence les misères à portée de sa main. Ainsi, bien que les hospices, hôpitaux, bureaux de bienfaisance aient leur personnalité civile confondue dans celle de l'administration générale de l'assistance publique, ils peuvent bénéficier chacun en particulier des dons ou legs faits à leur intention propre.

D'autre part, certains hospices fondés par la charité privée ont une organisation spéciale, un budget particulier, bien qu'ils soient placés sous la surveillance et la haute administration du directeur de l'assistance publique.

La pratique et la jurisprudence administrative, mises à l'aise par les termes généraux et larges de la loi, ont donc fait en même temps la juste part des avantages d'une direction unique, et tenu compte de la nécessité de ménager les habitudes et les exigences de la charité privée.

Il résulte de ce retour au principe de l'an VIII que la composition et surtout les pouvoirs de la commission sortent des règles du droit commun.

C'est ainsi que le conseil de surveillance de l'assistance publique comporte une composition toute différente de celle des hospices.

Il semble que l'on ait voulu réunir dans le conseil les représentants de tous les corps de l'État intéressés au bon fonctionnement de l'assistance publique [1]. La qualité de ces commissaires est faite pour donner

1. *Arrêté du 24 avril 1849 qui détermine la composition du conseil de surveillance de l'administration de l'assistance publique à Paris.*

Le Président de la République,

Sur le rapport du ministre de l'intérieur,

Vu la loi du 10 janvier 1849, sur l'organisation de l'assistance publique à Paris, et notamment l'article 8, lequel porte qu'un règlement d'administration publique déterminera la composition du conseil de surveillance de l'administration de l'assistance publique et l'organisation de l'assistance à domicile;

Le Conseil d'État entendu,

Arrête :

Art. 1er. — Le conseil de surveillance institué par la loi du 10 janvier 1849, relative à l'assistance publique à Paris, est composé ainsi qu'il suit :

Le préfet de la Seine, président;

Le préfet de police ;

Deux membres du conseil municipal ;

Deux maires ou adjoints ;

Deux administrateurs des comités d'assistance des arrondissements municipaux;

Un conseiller d'État ou maître des requêtes au Conseil d'État;

Un membre de la Cour de cassation ;

Un médecin des hôpitaux et hospices, en exercice ;

Un chirurgien des hôpitaux et hospices, en exercice;

Un professeur de la Faculté de médecine ;

Un membre de la chambre de commerce ;

Un membre d'un des conseils de prud'hommes ;

Cinq membres pris en dehors des catégories indiquées ci-dessus.

Art. 2. — Les membres du conseil de surveillance autres que les préfets de la Seine et de police sont nommés par le Président de la République, sur la proposition du ministre de l'intérieur.

A cet effet, pour chaque nomination, il est adressé au ministre de l'intérieur une liste de candidats.

Ces listes, à l'exception de celle présentée par le conseil des prud'hommes, devront porter trois noms.

Les listes sont établies savoir :

Par le conseil municipal . . . .
Le Conseil d'État . . . .
La Cour de cassation . . . .
La Faculté de médecine . . . .
La chambre de commerce . . . .
} Pour les candidats à présenter par chacun de ces corps.

aux avis de cette assemblée une très grande force ; de telle sorte que, dépourvues de sanction légale, les délibérations de ce conseil ont cependant une haute portée morale, et qu'elles doivent forcer l'attention de l'administration supérieure du préfet et du ministre, lorsqu'il n'y a pas accord avec le directeur[1].

Le conseil de surveillance, par son autorité morale, fait donc le contrepoids nécessaire à l'autorité absolue du directeur. Car c'est bien lui qui possède la véritable direction de l'administration.

Ainsi que le dit la loi (art. 3), il exerce son autorité sur les services intérieurs et extérieurs. « Il prépare les budgets, ordonnance toutes les dépenses, et présente les comptes de son administration. Il représente les établissements hospitaliers et de secours à domicile en justice, soit en demandant, soit en défendant.

« Il a la tutelle des enfants trouvés, abandonnés et orphelins ; il a aussi celle des aliénés. » Cette dernière attribution est tout à fait remarquable : elle constitue pour le département de la Seine une grave

Par la réunion des médecins des hôpitaux et hospices, en exercice.	Pour le médecin appelé à faire partie du conseil.
Par la réunion des chirurgiens des hôpitaux et hospices, en exercice	Pour le chirurgien appelé à faire partie du conseil.
Par les conseils de prud'hommes présentant chacun un candidat	Pour le prud'homme appelé à faire partie du conseil.
Par le préfet	Pour les candidats à choisir parmi les maires, les administrateurs des comités d'assistance, les membres pris en dehors de ces diverses catégories.

1. Délibération prise par le conseil municipal dans sa séance du 18 décembre 1885 : *Vœu pour que les médecins des bureaux de bienfaisance soient représentés au conseil de surveillance de l'assistance publique.*

Le Conseil,

Considérant qu'il importe, pour faciliter le recrutement des médecins des bureaux de bienfaisance, de rehausser la fonction ;

Considérant, d'ailleurs, que le médecin du bureau de bienfaisance est particulièrement compétent pour traiter les questions intéressant l'assistance publique à domicile, laquelle est destinée à jouer dans l'avenir un rôle de plus en plus considérable ;

Renouvelle le vœu :

Que les médecins des bureaux de bienfaisance soient représentés dans le conseil de surveillance de l'assistance publique par un de leurs collègues, désigné par eux.

dérogation à la loi de 1838, qui confie cette tutelle aux commissions administratives des asiles d'aliénés.

Toutes ces attributions, d'ailleurs, appartiennent habituellement aux commissions administratives des hospices et des bureaux de bienfaisance, leur président n'ayant pas de pouvoirs propres.

Au contraire, à Paris, le conseil de surveillance ne peut donner que des avis ; mais il faut reconnaître que ces avis ont une grande importance et qu'ils sont nécessaires pour tous les actes un peu graves de l'administration [1].

Une autre différence intéressante avec le droit commun réside dans le mode de recrutement des médecins et chirurgiens. D'après le droit commun, ce sont les commissions administratives qui choisissent les médecins et chirurgiens, sans qu'aucune règle leur soit prescrite pour procéder à ce choix. Les commissions administratives peuvent donc agir comme bon leur semble.

A Paris, la loi a elle-même prescrit le mode de nomination de ces agents principaux de l'assistance publique. On a voulu leur donner une indépendance absolue vis-à-vis de l'administration de l'assistance publique, et, en même temps, assurer un bon recrutement de ce personnel.

---

1. Art. 5. — Le conseil de surveillance est appelé à donner son avis sur les objets ci-après énoncés :

1° Les budgets, les comptes, et en général toutes les recettes et dépenses des établissements hospitaliers et de secours à domicile ;

2° Les acquisitions, échanges, ventes de propriétés, et tout ce qui intéresse leur conservation et leur amélioration ;

3° Les conditions des baux à ferme ou à loyer, des biens affermés ou loués par ces établissements ou pour leur compte ;

4° Les projets de travaux neufs, de grosses réparations ou de démolitions ;

5° Les cahiers des charges des adjudications et exécutions des conditions qui y sont insérées ;

6° L'acceptation ou la répudiation des dons et legs faits aux établissements hospitaliers et de secours à domicile ;

7° Les placements de fonds et les emprunts ;

8° Les actions judiciaires et les transactions ;

9° La comptabilité tant en deniers qu'en matières ;

10° Les règlements du service intérieur des établissements et du service de santé, et l'observation desdits règlements ;

11° Toutes les questions de discipline concernant les médecins, chirurgiens et pharmaciens ;

12° Toutes les communications qui lui seraient faites par l'autorité supérieure et par le directeur.

Les membres du conseil de surveillance visiteront les établissements hospitaliers et de secours à domicile aussi souvent que le conseil le jugera nécessaire.

C'est ainsi que les médecins, chirurgiens et pharmaciens des hôpitaux sont nommés au concours, et que leur investiture est donnée par le ministre de l'intérieur.

Pour la nomination des médecins des bureaux de bienfaisance, on peut employer soit le concours, soit l'élection ; en fait, depuis 1879 jusqu'à ce jour, on a usé de ce dernier procédé.

L'indépendance du corps médical n'est pas seulement assurée par ce mode de nomination, mais par le mode de révocation qui n'appartient qu'au ministre, sur la proposition du préfet de la Seine.

Sans doute cette indépendance est nécessaire. Il faut que le médecin soit le véritable chef de son service à l'hôpital, mais au point de vue financier et administratif, cette indépendance absolue présente des inconvénients. Certains esprits ont pensé que cette indépendance absolue du corps médical des hôpitaux, bonne en elle-même, pouvait produire parfois d'assez fâcheux effets. Le corps médical des hôpitaux, amené par la force des choses à se considérer comme un corps enseignant, peut quelquefois subordonner l'intérêt strict des malades à l'intérêt supérieur de la science.

Par ce recrutement, on est arrivé à former un corps de la plus haute valeur scientifique, qui fait honneur à l'École française de médecine ; mais le défaut de contrepoids à l'autorité qui résulte pour ce corps de son extrême indépendance et de son illustration, présente d'assez graves dangers au point de vue de l'administration financière de l'assistance. On conçoit aisément le peu d'action qu'exerce un directeur administratif d'hôpital sur une collectivité aussi éminente et unie par un sentiment de confraternité très légitime.

Il y aurait équité, tout au moins en raison du caractère de corps enseignant qu'a pris, par la force des choses, le personnel médical des hôpitaux, à ce que l'État, dans son budget des Facultés de médecine, tînt compte à l'assistance publique des dépenses qui lui incombent de ce chef.

Telle est l'organisation de l'assistance publique à Paris, ainsi qu'elle résulte de la loi du 10 janvier 1849 complétée par l'arrêté présidentiel du 24 avril suivant.

Cette loi s'est bornée à poser des règles très larges, laissant à la pratique et à la jurisprudence le soin de réglementer les détails du fonctionnement de cette administration. Elle prescrivait cependant l'organisation par un règlement d'administration publique du service des secours à domicile. Ce décret a été préparé depuis 1880 seulement, et il vient d'être pris le 12 août dernier [1].

Dans cette organisation, quelle part est donnée à l'autorité supérieure ?

La loi ne s'est pas montrée très explicite sur ce point. Elle s'est bornée à placer l'administration autonome de l'assistance publique *sous l'autorité du préfet de la Seine et du ministre de l'intérieur.* L'article 4 de la loi seul donne à l'administration supérieure des pouvoirs bien déterminés sur les comptes et les budgets, « qui sont examinés, réglés et approuvés conformément aux dispositions de la loi du 18 juillet 1837 sur les attributions municipales. » Mais, comment s'exerce, d'une manière générale, cette autorité dont parle l'article 1er de la loi de 1849? Rien ne le dit dans la loi.

---

1. Dès l'année 1879, la préfecture de la Seine et le ministère de l'intérieur s'occupèrent de la préparation de ce document. Par décret du 4 mai 1880, une commission fut créée au ministère de l'intérieur avec mission de préparer un règlement d'administration publique pour l'organisation de l'assistance à domicile dans la ville de Paris. Cette commission composée, selon les propositions de M. le préfet Hérold, de sénateurs, députés, médecins, conseillers municipaux et d'autres personnes se rattachant à l'administration de la ville de Paris, ou à l'administration supérieure, nomma dans son sein une sous-commission chargée de « préparer un programme et de noter les points dont les solutions devaient être recherchées ». Le rapport de cette sous-commission fut rédigé par M. G. Martin : il appelle l'attention notamment sur les questions se rattachant à la supériorité de l'assistance à domicile sur l'assistance hospitalière, sur l'organisation des bureaux de bienfaisance et leur composition, ainsi que sur les classes de personnes à secourir et la nature des secours. La commission, à son tour, après avoir entendu ce rapport, fit un projet de règlement dont les dispositions, ainsi qu'il est dit dans le rapport présenté en 1882, au nom de cette commission, par M. C. Lyon, « reproduisent et consacrent sur un certain nombre de points, les règles actuellement en vigueur, mais qui constituent sur beaucoup d'autres et en particulier en ce qui concerne l'inscription des indigents, la répartition des allocations de l'assistance publique, le mode d'élection des médecins, la fourniture des médicaments, des réformes importantes ».

Ce projet fut ensuite examiné par le conseil de surveillance de l'assistance publique qui proposa certaines modifications portant notamment sur la plus grande importance du rôle qu'il revendique pour lui-même dans l'organisation et la distribution des secours, et sur le mode de nomination des médecins (séances d'octobre 1882 à février 1883).

A la date du 7 avril 1884, après plusieurs discussions, le conseil municipal émit, sur un important rapport de M. Fiaux, un avis qui diffère sensiblement du projet de la commission ministérielle, surtout au point de vue de la distribution des secours. Cet avis a été transmis par les soins de la préfecture au ministère de l'intérieur. Enfin, l'affaire a été soumise au Conseil d'État.

On examinera plus loin, lors de l'étude du service des secours à domicile, les réformes principales qui sont à l'ordre du jour et comment ces réformes ont été diversement appréciées par les autorités qui ont collaboré à la préparation du décret dont il est ici parlé.

Il serait pourtant utile de connaître les règles d'après lesquelles cette importante autorité doit s'exercer. En pratique, le préfet de la Seine prend des arrangements intérieurs dans l'organisation de la préfecture pour l'exercice de son droit de contrôle supérieur.

Mais la question n'a jamais été réglée d'une manière bien précise. Toutefois, l'autorité du préfet se double aujourd'hui du droit naturel qui appartient au chef de la municipalité de surveiller l'emploi de l'importante subvention municipale, sans laquelle l'assistance publique ne pourrait fonctionner... Il n'est pas inutile, en effet, de faire remarquer que le chiffre de la subvention municipale a singulièrement augmenté depuis 1849 et qu'elle a pris une proportion de plus en plus importante dans les ressources de l'assistance publique. Indépendamment du droit de contrôle que la loi du 10 janvier 1849 reconnaît au préfet comme à un haut fonctionnaire de l'État, le préfet puise, dans sa qualité de représentant de la ville de Paris, un droit de surveillance plus étroit sur la gestion des grands intérêts qui sont confiés à l'administration de l'assistance publique. Il serait, par suite, désirable qu'un décret intervînt dans les limites de la loi pour déterminer avec plus de précision comment doit s'exercer la haute autorité du préfet de la Seine et du ministre de l'intérieur.

Ce décret peut intervenir très légalement comme interprétation de la loi de 1849, pourvu qu'il respecte l'autorité du directeur de l'assistance publique, telle qu'elle est déterminée par l'article 3 de cette loi.

II. — Examen du fonctionnement général de l'administration de l'assistance publique. — Son budget. — Recettes et dépenses.

L'administration de l'assistance publique est confiée, comme on l'a vu dans la première partie de cette étude, à un directeur responsable, qui a sous ses ordres un personnel administratif important, comprenant plusieurs grands services : la première division a pour attributions les services généraux et le service de santé ; la seconde comprend les hôpitaux et hospices, les secours à domicile, et le droit des pauvres ; la troisième s'occupe exclusivement des enfants assistés; la quatrième comprend le domaine et la comptabilité. La caisse de l'administration est régie par un receveur spécial.

L'administration éparse des bureaux de bienfaisance est reliée à l'administration centrale par trois inspecteurs généraux des établissements et des services de secours à domicile.

Les trois jurisconsultes exigés par la loi dans certains cas, notamment pour les transactions, sont ici remplacés par un comité consultatif composé d'avocats éminents, et distinct du comité consultatif de la préfecture de la Seine.

Il est intéressant d'examiner le budget de cette importante administration et d'étudier ainsi le détail de son fonctionnement.

Les ressources de l'assistance publique sont de trois natures différentes :

1° Ressources propres;

2° Droits attribués;

3° Subvention municipale.

A. — L'assistance publique, étant une personne morale, ayant la faculté d'acquérir, s'est constituée, par l'accumulation des legs et dons qui lui ont été faits, un domaine considérable composé d'immeubles ruraux et d'immeubles urbains, ainsi que de valeurs mobilières. Le domaine a été constitué en partie par la réunion des biens de l'Hôtel-Dieu, de l'hôpital général, et du grand bureau des pauvres.

L'assistance publique est chargée de représenter, d'une manière générale, les pauvres de Paris, de sorte qu'elle recueille tous les legs faits aux pauvres d'une manière indéterminée.

Les ressources propres de l'assistance publique se composent encore de divers produits et notamment d'une contribution de la Faculté dans les frais d'inhumation des sujets ayant servi aux études anatomiques; des successions hospitalières qui consistent en effets mobiliers apportés par les malades indigents morts à l'hospice; du remboursement des frais de séjour [1].

---

1. Le montant des rentes sur l'État est de 3,510,000 fr. dont 2,753,000 fr. en rentes sans destination spéciale, 579,800 fr. provenant de fondations diverses, et 212,000 fr. provenant de fondations de lits.

Parmi les produits éventuels de l'assistance publique, on doit noter le produit des bains à la maison de santé, le traitement de la gale à Saint-Louis et, d'une manière générale, le remboursement de frais de secours et le contingent du département et des communes de la Seine pour le traitement des malades de ces communes dans les établissements spéciaux. Notons encore le recouvrement sur le département et les communes des frais d'entretien des aliénés à Bicêtre et à la Salpêtrière (1,412,000 fr.), des frais d'entretien des enfants assistés à l'hospice dépositaire, ainsi que des frais d'entretien des enfants moralement abandonnés.

Enfin, les magasins généraux ont des produits intérieurs qu'ils vendent à des

D'autre part, le budget de l'assistance publique réunit dans une section séparée, et pour ordre, les recettes des établissements ayant un revenu distinct, tels que le domaine des enfants assistés, la fondation Montyon, les hospices Brezin, Chardon Lagache, etc.

Les ressources propres de l'assistance publique montent à plus de 12 millions.

B. — Les droits attribués à l'assistance publique sont au nombre de trois :

1° Les bonis et bénéfices de l'exploitation du mont-de-piété ;

2° Le droit sur les concessions dans les cimetières ;

3° Le droit sur les spectacles, appelé droit des pauvres.

Les bonis et bénéfices de l'exploitation du mont-de-piété seront examinés plus loin, lors de l'étude de l'institution du mont-de-piété. Par suite du litige actuellement pendant entre ces deux administrations, chaque année l'assistance publique inscrit pour ordre, en recette, une somme représentant la moyenne des recettes antérieures, et que le mont-de-piété refuse de payer.

Quant au droit sur les concessions dans les cimetières, il dérive en principe du décret du 23 prairial an XII, qui n'accorde ces concessions qu'à ceux qui offriront de faire des fondations ou donations aux pauvres.

Ce droit a été fixé pour Paris au cinquième du prix de la concession par un règlement du 8 décembre 1820, approuvé par une ordonnance royale du 5 mai 1830.

Il est à remarquer qu'une ordonnance du 6 décembre 1843 a fixé ce droit au tiers pour le reste de la France, et que Paris s'est trouvé excepté de cette mesure par l'article 8 de cette ordonnance, de telle sorte qu'à ce point de vue les pauvres de Paris sont moins bien traités que les pauvres du reste de la France.

Quant aux droits des pauvres sur les spectacles, il remonte à une ordonnance royale du 25 février 1697 qui, pour donner aux pauvres, « quelque part aux profits considérables qui reviennent des opéras de

---

services publics et à des œuvres privées, étrangers à l'administration, qui remboursent effectivement. Mais ce ne sont guère là que des opérations d'ordre, car ils vendent, à peu de chose près, à prix de revient, et leurs recettes sont presque corrélatives à leurs dépenses. Parmi ces magasins généraux, figurent notamment la cave, pour une recette de 275,000 fr., la pharmacie pour une recette de 481,000 fr. Ces recettes, il y a lieu de le remarquer, proviennent des ventes faites, non seulement aux établissements étrangers à l'administration, mais aussi aux fondations de l'assistance publique qui ne remboursent que pour ordre, c'est-à-dire par simples passations d'écritures.

musique » attribue à l'hôpital général le sixième perçu « en sus des sommes qu'on perçoit et qu'on percevra à l'avenir ».

On le voit, le caractère de cet impôt est à l'origine essentiellement parisien. Une ordonnance royale du 30 février 1713 étendit la perception de ce sixième aux spectacles des foires de Saint-Germain et de Saint-Laurent ; puis une ordonnance du Régent, en date du 5 février 1716, ajouta un neuvième au sixième déjà perçu en faveur de l'Hôtel-Dieu. Enfin, une ordonnance du lieutenant général de police (17 mai 1832) établit pour l'hôpital général un contrôleur à chacun des bureaux de recettes particulières de spectacles publics.

En abolissant toutes les redevances dues aux gens de mainmorte, le décret du 4 août 1789 ne statua que sous réserve de pourvoir d'une autre façon au soulagement des pauvres ; il maintint provisoirement la taxe, et la loi des 16-24 août, en autorisant les spectacles publics, chargea les municipalités d'une redevance envers les pauvres. C'est à l'époque de l'organisation des bureaux de bienfaisance, en l'an V, qu'intervint la loi qui forme la base du droit des pauvres. Elle est datée du 7 frimaire an V et fixe à six mois le temps pendant lequel sera perçu ce droit, 10 p. 100 en sus du prix de chaque billet.

Un arrêté du 29 frimaire an V spécial à Paris vint trancher les difficultés survenues pour l'exécution de la loi et réglementa cette perception, qui fut successivement prorogée par plusieurs actes de la puissance publique. Enfin un décret de 1809 la rendit permanente, et, depuis 1817, elle est autorisée chaque année par les lois de finances. Comme confirmation de ce décret, un autre décret du 6 janvier 1864 sur la liberté des théâtres, maintint expressément « la redevance établie au profit des pauvres et des hospices. »

Ce rapide historique montre comment à l'origine cet impôt a été créé seulement pour soulager la misère à Paris et comment il est devenu peu à peu une sorte d'impôt général applicable à toute la France. C'est ici l'exception qui est devenue la règle.

Une assez vive polémique s'est engagée à diverses époques sur le caractère et la portée du droit des pauvres. Et d'abord ce sont les directeurs de théâtres qui se sont crus lésés et ont soutenu que la loi, tout en demandant aux spectateurs une quote part des dépenses faites pour leur amusement, prélevait, en fait, une part de la recette effectuée par les directeurs ; c'était là par conséquent, disaient-ils, un impôt injuste, puisqu'il n'atteignait pas la masse des consommateurs, mais une catégorie spéciale d'entrepreneurs. Mais la façon dont le droit a été perçu dès l'origine démontre qu'il s'agit bien là, dans l'esprit du législateur, d'une taxe de consommation levée sur le spectateur et non sur l'entreprise théâtrale[1].

En effet, un double paiement était fait autrefois à deux guichets distincts et rendait plus sensible la nature de ce droit, en montrant ainsi qu'il n'était pas payé par le directeur, mais acquitté par celui que la loi voulait directement frapper : le public. Or, comme on avait reconnu des difficultés dans ce mode de procéder, et pour satisfaire à l'impatience de la foule, on simplifia la perception, et dès le 19 frimaire an V, le Gouvernement en chargea les directeurs eux-mêmes. Mais il a été admis que le droit serait perçu « en sus des sommes qu'on perçoit » pour le spectacle lui-même et non pas, comme on l'a soutenu[2], déduction faite des frais de représentation[3].

---

1. Dans sa séance du 12 mars 1851, l'Assemblée nationale a été appelée à voter sur une proposition de M. Santayra tendant à changer l'assiette et le mode de perception de cet impôt. M. Dupin (de la Nièvre) prononça un discours qui fait ressortir l'origine et le caractère du droit des pauvres. La proposition de M. Santayra ne fut d'ailleurs pas prise en considération.

2. La question de savoir si le droit des pauvres devait être perçu en sus des sommes ou déduction faite des frais a été l'objet d'un débat devant le Sénat (séance du 18 mai 1866) à l'occasion d'une pétition des directeurs du théâtre Beaumarchais. Cette question a été tranchée dans le sens indiqué plus haut.

La perception de ce droit a donné lieu d'autre part à des difficultés d'application assez intéressantes, notamment en ce qui concerne les loges que se sont réservées les propriétaires ou fondateurs du théâtre, auteurs des pièces jouées, etc. Un exemple entre autres fera ressortir le caractère de ce droit : aux termes d'un contrat datant de 1781, la famille de Choiseul s'est engagée envers la compagnie de la comédie italienne (aujourd'hui la direction de l'Opéra-Comique) à faire construire une salle de spectacle en se réservant pour elle et ses descendants la propriété et la jouissance d'une loge avec entrée particulière communiquant souterrainement avec l'hôtel de Choiseul. L'État est devenu propriétaire de l'immeuble et les tribunaux ont déclaré tout récemment qu'il n'avait pu devenir propriétaire de la loge réservée. En cet état, le directeur actuel de l'Opéra-Comique s'est refusé d'acquitter désormais le droit sur cette loge, qui ne fait pas partie du théâtre mis à sa disposition. Or le droit des pauvres doit être perçu non seulement sur les prix d'entrée acquittés dans les théâtres et les spectacles publics par les spectateurs, soit au bureau, soit à titre de location, soit sous forme d'abonnement, mais encore sur la valeur des places que se serait réservées le propriétaire du théâtre, en louant la salle ou en la vendant à un entrepreneur de spectacles : dans ce cas, en effet, les entrées que s'est réservées le vendeur ou le bailleur, doivent être réputées constituer une partie supplémentaire du prix de la vente ou de la location ; ces entrées ne peuvent en conséquence être regardées comme ayant le caractère de gratuité qui les ferait échapper à l'application de la taxe des pauvres. — Le directeur doit donc, à notre avis, acquitter le droit dont il est le collecteur obligé, sauf son recours, s'il y a lieu, contre son vendeur.

3. Jusqu'en 1831, tous les théâtres de France payaient une redevance de 5 p. 100 au profit de l'opéra ; cette redevance s'ajoutait au droit des pauvres.

Dans ce système, le caractère de droit n'apparaît plus guère : il apparaît moins encore, lorsque l'administration a passé un abonnement, comme elle fait avec les théâtres dont les recettes sont minimes et lorsque les frais de contrôle seraient hors de proportion avec le produit [1]. Il a été plusieurs fois question de supprimer cet impôt ; il est intéressant à ce sujet de lire la discussion d'un amendement présenté à la Chambre des députés dans sa séance du 10 mars 1869, par M. Pelletan.

« Le droit des pauvres prélevé sur les théâtres est aboli. Il sera remplacé au profit de l'assistance publique par la somme des subventions théâtrales inscrites au budget. »

M. Busson-Billault, rapporteur, fit remarquer que le résultat de cet amendement serait de faire fournir, au profit de l'assistance publique

---

1. Le droit est du dixième ou du quart, suivant une classification qui a donné lieu à beaucoup d'incertitudes et de débats : la question est maintenant à peu près élucidée et des actes successifs de l'autorité l'ont tranchée : il est, par suite, intéressant de donner la nomenclature des spectacles soumis à des droits différents.

Le droit est d'un dixième :

1° Pour les théâtres, opéras, spectacles quotidiens ou semi-quotidiens (Loi du 7 frimaire, an V) ;

2° Pour les panoramas, théâtres pittoresques et mécaniques (Arrêté du gouvernement du 10 thermidor an II) ;

3° Pour les établissements où se jouent les pantomimes, scènes équestres, hippodromes, cirques, salles de curiosités et d'expériences physiques (Décision du ministère de l'intérieur du 9 mai 1809) et marionnettes (Arrêt du Conseil d'État 16 février 1832) ;

4° Pour les concerts quotidiens (L. 16 juillet 1840) ;

5° Pour tous les autres établissements qui ne sont pas rangés expressément dans la catégorie suivante :

Il est du quart :

1° Pour les bals publics donnés dans un théâtre (arr. C. 12 février 1817) ou ailleurs, feux d'artifice, courses et exercices de chevaux non quotidiens ; les exercices de corde (ar. C. 28 octobre 1809) et en général tous lieux où on entre en payant (L. 8 thermidor an V, 16 juillet 1810) — Pour les concerts non quotidiens, donnés par des artistes ou des associations d'artistes, une loi du 3 avril 1875, article 23, a abaissé le droit au vingtième de la recette brute ;

2° Pour les billets d'entrée donnant droit à des objets de consommation d'une valeur égale à la totalité ou à une partie de leur prix (Décis. minist. int. 26 fructidor an X) ;

3° Pour les jardins et autres lieux publics où l'on entre sans payer, mais où se trouvent des danses, jeux, concerts, pour lesquels des rétributions sont exigées par voie de cachets ou d'abonnements (même décision) ;

4° Pour les « guinguettes » des environs de Paris. (Instr. minist. int. 18 décembre 1809.)

L'impôt à Paris est perçu dans son intégralité sur les spectales et concerts.

Il est modéré du quart au huitième sur les établissements de bals.

La loi donne à l'administration le droit de passer des abonnements. Il est admis par la pratique administrative que le préfet peut, par assimilation à ce pouvoir, modérer le droit des pauvres. De nombreux arrêtés préfectoraux ont été pris à cet égard.

de Paris, une subvention par le budget général de l'État, et la proposition de M. Pelletan fut rejetée.

Si, en se plaçant au point de vue administratif, le droit des pauvres apparaît comme un impôt sur les spectateurs, en réalité, l'incidence de l'impôt tombe sur l'entreprise théâtrale elle-même. De sorte que le mieux, pour couper court aux vives réclamations des intéressés, serait de réformer cet impôt en le considérant non plus d'après l'étiquette qui lui est donnée administrativement, mais d'après la réalité des faits. Or cette perception de 10 p. 100, très lourde et désastreuse pour un théâtre déjà en perte, est trop légère relativement pour un théâtre prospère. Il serait donc d'une juste application du principe général de nos impôts, qui est d'être proportionnel aux forces de chacun, de ne percevoir que sur la recette nette.

Cette proposition a été faite anciennement et a été repoussée pour la deuxième fois par la commission instituée en 1869, d'abord parce que ce serait changer l'assiette de l'impôt, et, d'autre part, à raison des difficultés pratiques d'examen des comptes des théâtres, etc. Nous avons répondu par avance à la première objection. Quant à la seconde, il serait possible de l'éviter.

Si l'administration devait, ainsi que le dit la commission, « discuter le passif des entreprises théâtrales ; débattre, au point de vue de leur sincérité, les contrats, les engagements, les traités de toute nature, les primes exigées ou offertes, et dont quelques-unes sont imputées sur cette recette brute désormais soustraite à l'action de l'impôt », l'objection aurait une grande portée et les difficultés pratiques devraient faire renoncer à cette réforme.

Mais on pourrait opérer de la manière suivante : il serait aisé de constituer une commission composée d'un certain nombre de directeurs de théâtres, d'auteurs et de critiques dramatiques et d'administrateurs désignés par le préfet de la Seine ; cette commission serait chargée, d'après les indications fournies par les intéressés, indications faciles à contrôler pour des hommes compétents, de fixer à forfait pour chaque année et pour chaque théâtre, la recette réputée nécessaire pour couvrir les frais. Cette somme serait journellement défalquée de la recette brute, et c'est sur le surplus que serait perçu l'impôt des théâtres. Seulement, comme cette réforme a pour but non de diminuer le produit du droit des pauvres, mais d'en faire une plus juste répartition, il serait nécessaire d'élever la perception sur la recette nette de 10 p. 100 à 25 p. 100, par exemple; de cette manière, très vraisemblablement, l'assistance publique n'y perdrait pas, et elle gagnerait même à cette réforme d'avoir donné une assise plus solide à une taxe qui est actuellement considérée comme vexatoire.

C. — Subvention municipale.

Depuis 1849, la subvention municipale a progressivement été portée jusqu'à plus de 17 millions, c'est-à-dire à près de la moitié des ressources totales de l'assistance publique.

Ce chiffre de la subvention varie suivant les besoins de l'administration. Il représente la différence entre les ressources propres de l'assistance publique et ses dépenses présumées. C'est donc là une part très importante de son budget.

Cette subvention a donné lieu à plusieurs questions.

On a soutenu qu'il était inique que l'État ne prît pas sa part dans les sacrifices faits par la ville de Paris en faveur du service des secours publics. En effet, le domicile de secours n'étant pas exigé pour entrer dans les hôpitaux, le nombre des hospitalisés de Paris s'accroît d'une foule d'étrangers ou d'habitants des départements attirés à Paris par sa situation de capitale. Il en résulte donc une obligation morale de l'État de subvenir aux dépenses d'assistance que la ville supporte [1]. On a objecté que les inconvénients de cette situation sont compensés par l'attraction des étrangers riches et l'augmentation des ressources municipales qui en est la conséquence. Mais cette considération n'est pas de nature à autoriser l'État à se décharger d'une obligation morale certaine et qu'il a reconnue lui-même pour un certain nombre de services publics essentiellement municipaux dans le droit commun et qui cependant à Paris sont subventionnés par lui.

Il serait donc désirable, sans compter le crédit dont nous avons parlé plus haut et qui devrait être inscrit au chapitre de l'enseigne-

1. Vœu proposé au conseil municipal (séance du 29 décembre 1883 : Procès-verbaux, p. 1376.)

Le conseil, considérant qu'un grand nombre des malades traités dans les hôpitaux de Paris et des indigents secourus par les bureaux de bienfaisance appartiennent à la province ;

Considérant que le service de l'assistance publique de Paris a un caractère d'intérêt général ;

Émet le vœu que l'État contribue pour une part à déterminer dans les dépenses de l'assistance publique.

ment médical en France, que l'État prît à sa charge une part de la subvention qui est actuellement supportée par la ville seule [1].

Cette subvention, votée par le conseil municipal, est-elle obligatoire ?

D'après le droit commun, l'assistance publique aux malades et indigents est facultative pour toute commune. C'est ce qu'établit implicitement la loi du 7 août 1851. (Art. 1, 3, 4 et 5.)

La loi spéciale relative à l'assistance publique à Paris (10 janvier 1849) n'en fait pas une obligation légale de la ville.

Mais l'histoire de la subvention municipale ne laisse pas de doute sur son caractère obligatoire.

On sait qu'avant la Révolution, l'ensemble des services hospitaliers de Paris jouissait d'un revenu de plus de 10 millions de livres.

En 1793, le domaine hospitalier devint domaine national, et fut vendu en partie au profit du Trésor public, à charge pour l'État de subvenir aux besoins des pauvres.

Lorsque la loi du 7 octobre 1796 vint ordonner la restitution des biens non aliénés, le Gouvernement, obéré, garda pour ses propres besoins la plus grande partie du produit des réalisations. Il en résulta que les revenus de l'administration des hospices de Paris ne s'élevaient plus qu'à 1,700,000 fr. Or, les besoins du service des secours publics de Paris montaient à plus de 7 millions.

Pour remédier à ce déficit dans le budget de l'assistance publique, intervint la loi du 27 vendémiaire an VII, qui, en ordonnant la perception de l'octroi pour l'acquit des dépenses locales de la commune de Paris, en destine au moins partiellement le produit à l'assistance publique.

L'article 1er de cette loi est ainsi conçu : « Il sera perçu pour la commune de Paris un octroi municipal et de bienfaisance, conformément au tarif annexé à la présente loi, spécialement destiné à l'acquit des dépenses locales et de préférence à celles des hospices et des secours à domicile. »

On ne peut objecter que la loi du 10 janvier 1849 ait par son silence

1. Nous pouvons citer parmi les services considérés comme publics et subventionnés par l'État, bien qu'installés à Paris, les théâtres subventionnés. Il a été plusieurs fois question de supprimer les subventions de théâtres ; on a aussi proposé de les réduire de moitié pour l'État en les faisant peser pour l'autre moitié sur la ville de Paris ; on a répondu que « les grands théâtres de Paris, comme ses musées, ses bibliothèques, ses grands établissements scientifiques n'appartiennent

abrogé cette disposition ; en effet, elle ne contient aucune disposition relative aux sources des revenus de l'assistance publique.

La loi de l'an VII ne peut dès lors être comprise dans les lois antérieures abrogées par l'article 8 de la loi de 1819, puisqu'elle n'a rien de contraire à cette loi.

Le mot « subvention » n'est donc plus rigoureusement exact et n'exprime pas la situation de la ville vis-à-vis de l'assistance publique.

L'apport de la ville devrait plutôt s'appeler prélèvement légal sur les recettes d'octroi au profit de l'assistance publique.

Il est vrai que l'ordonnance de 1814 et la loi de finances du 28 avril 1816 ont donné à la matière un nouvel aspect. Le Gouvernement impérial, à bout de ressources, avait mis la main sur les octrois ; leur administration avait en grande partie passé aux mains des préfets et leurs revenus avaient été détournés de leur destination originaire.

Sous les dénominations les plus variées, des prélèvements avaient été décrétés qui en amoindrissaient singulièrement le reliquat disponible au profit des communes.

La Restauration devait réagir. De là les lois de finances de 1814 et de 1816, qui, d'une part, rendent aux maires l'administration des octrois, tandis que, de l'autre, elles proscrivent tout autre prélèvement que celui du 10e au profit du Trésor que le régime impérial avait institué et auquel les nécessités budgétaires interdisaient de renoncer.

On serait porté à penser qu'une sorte de novation est survenue en la matière, et que l'octroi n'est plus qu'une source de revenus pour les communes, sans avoir désormais un but hospitalier.

Mais, d'une part, le préambule de l'ordonnance du 9 décembre 1814[1] rappelle en des termes généraux, qu'elle n'entend pas modifier l'ordre de choses existant ; d'autre part, des circulaires ministérielles intervenues en 1815 et 1816 pour commenter et appliquer les lois de ces deux

---

pas à la ville, mais à la nation..... S'il est vrai que les théâtres de Paris attirent les provinciaux et les étrangers lesquels enrichissent la ville..... la subvention devra appartenir à tout théâtre exerçant une attraction sur le public..... il faudrait donc que la ville subventionnât tous les théâtres?..... Il faut en conclure qu'à l'État seul appartient la mission de subventionner les théâtres dans un intérêt national ».

1. Préambule de l'ordonnance du 9 décembre 1814 portant règlement sur les octrois :

« Louis, etc....

« Vu les lois et règlements généraux maintenus par la loi du 8 décembre 1814,

années, démontrent en toute évidence, que l'octroi, dans la pensée du législateur, n'a pas dépouillé le caractère primitif de son institution.

En 1815 et 1816, on réglemente la question des allocations qu'il convient de voter en faveur des hospices, non pas sur les fonds communaux, mais bien sur les octrois, considérés dès lors, comme auparavant, comme une source de revenu sur laquelle les hospices ont un droit direct et en leur propre nom.

Ainsi tombe l'argument tiré de l'ordonnance de 1814 et de la loi de 1816.

Reste l'argument tiré de la loi du 18 juillet 1837.

L'article 30 de cette loi ne comprend pas la subvention aux établissements de bienfaisance parmi les dépenses obligatoires ; et, de plus, les termes du rapport de M. Vivien confirmeraient, s'il en était besoin, la réalité de cette exclusion. Mais l'étude des discussions fort longues et assez confuses qui se renouvelèrent périodiquement, de 1829 à 1837, indique bien la cause du silence de la loi.

Le motif de la confusion n'était autre que la distinction à faire, et qui ne fut pas faite, entre les communes jouissant d'un octroi et celles qui n'en avaient pas.

Pour les premières, le législateur de 1837 n'avait rien à prescrire ; la chose était faite d'ores et déjà ; les hospices se trouvaient déjà saisis comme d'un droit d'emprise sur le produit de l'octroi. Quant aux secondes, celles qui n'avaient pas d'octroi, un grand courant d'opinion donnait sur les hospices la préférence aux secours à domicile ; de là la répugnance à rendre obligatoires les secours aux hospices.

En résumé, la loi de 1837 interprétée par la longue discussion à laquelle elle a donné lieu, n'infirme en aucune sorte le bénéfice résul-

---

pour l'administration et la perception des octrois ; voulant en assurer l'exécution pleine, entière et uniforme, et prévenir toute interprétation fausse ou abusive sur aucune de leurs dispositions, nous avons jugé indispensable de présenter, dans une seule et même ordonnance, toutes les mesures générales d'exécution qui dérivent des lois et règlements ci-dessus rappelés..... »

Circulaire du 10 mai 1816, pour l'exécution de la loi du 28 avril.

« .... Les conseils municipaux s'assureront que les produits (de l'octroi) pourront suffire aux besoins des villes, des hospices et des établissements de bienfaisance et d'instruction auxquels elles doivent des subsides. »

Instruction générale du 8 février 1823 sur l'administration et la comptabilité des hospices et des bureaux de bienfaisance.

« ..... Les conseils municipaux tiennent au mois de mai leur session ordinaire, et c'est dans cette session qu'ils déterminent la subvention à accorder aux hospices sur les octrois ou autres revenus de la commune. »

tant au profit des établissements hospitaliers de la législation antérieure[1].

C'est d'ailleurs ainsi que la jurisprudence administrative, que les instructions ministérielles l'ont toujours compris. On voit, en effet, les documents parus successivement en 1838, en 1840, en 1859, sur la comptabilité publique statuer sur l'objet en pleine conformité avec les

1. Premier projet de loi relatif à l'administration municipale et présenté à la Chambre des députés en 1829 par M. de Martignac, ministre de l'intérieur :.

« Art. 71. — Sont dépenses à la charge des communes :

« 7° Les secours aux fabriques et établissements charitables en cas d'insuffisance de leurs ressources. »

Ce même projet décidait que si la commune refuse de voter ou ne vote pas une allocation suffisante, le préfet, en conseil de préfecture, statuera sur les difficultés... et portera s'il y a lieu la dépense au budget.

Deuxième projet de loi présenté en 1831 par le comte d'Argout, ministre, à la Chambre des députés :

« La 2e classe, qui se compose des dépenses obligatoires variables comprend :

« Les secours aux fabriques, hospices, hôpitaux et bureaux de bienfaisance en cas d'insuffisance de leurs ressources » (art. 13, 6°).

Projet de loi de 1834, rapport de M. Persil : « L'article 30 énumère les dépenses obligatoires; quelque soin que nous ayons mis à les rappeler toutes, nous avons compris la possibilité d'un oubli, et voilà pourquoi nous vous proposons de terminer la série de ces dépenses par une disposition générale qui comprendrait toutes les dépenses mises à la charge des communes par des lois spéciales. »

Rapport présenté à la Chambre des pairs par le baron Mounier, le 19 mars 1835 :

« Nous avons partagé l'avis du Gouvernement qui a pensé qu'il était impossible de ne pas considérer comme une obligation des communes de fournir à l'entretien des établissements de charité et de bienfaisance. On sait que les octrois municipaux ont été rétablis précisément dans le but de donner aux communes les moyens de satisfaire à ce que l'humanité demandait en faveur des indigents. Et ne serait-il pas fâcheux d'abandonner aux idées systématiques d'un corps municipal le sort des établissements fondés par une pieuse charité. »

Néanmoins, dans la séance du 1er avril 1835, la Chambre des pairs raye les secours aux hôpitaux et hospices des dépenses obligatoires. — Il importe de faire observer que le projet de loi n'était pas applicable à la ville de Paris.

Exposé des motifs présenté par M. Thiers à la Chambre des députés pour l'adoption du projet de loi (séance du 27 janvier 1836).

« Nous sommes certain que vous approuverez la mention que nous avons faite parmi les dépenses obligatoires, des secours nécessaires aux hospices et aux fabriques. Il ne s'agit ici que de continuer ce qui s'est constamment pratiqué. »

Il est vrai que M. Vivien, le 26 avril suivant, déclara que cette dépense doit être laissée à la libre appréciation des conseils municipaux, mais c'est pour les laisser juges du moyen par lequel ils désirent soulager le malheur. Il était en effet question de laisser les communes choisir entre les hôpitaux et hospices et les secours à domicile.

Enfin, M. de Gasparin, ministre de l'intérieur, dans son rapport du 5 avril 1837, soulève la question de savoir à quel système de secours il convient de donner la préférence, et dit à ce sujet qu'il y aurait lieu de vendre les biens immobiliers des hospices: « en opérant de la sorte, les ressources des établissements charitables obtiendraient un très notable accroissement, les subventions communales seraient nécessairement réduites dans une proportion relative; ce qui laisserait aux communes la libre disposition de 6 ou 7 millions, ou leur permettrait d'allé-

règles que nous avons énoncées tout d'abord sur la part assignée légalement aux établissements charitables dans le revenu des octrois[1].

La subvention municipale est donc obligatoire à Paris[2].

Le vote que le conseil municipal de Paris est appelé à émettre en faveur de la subvention à allouer au profit des établissements de bienfaisance, porte sur l'appréciation des besoins financiers de ces établis-

---

ger le fardeau des octrois, source dans laquelle ces sacrifices (les subventions) sont puisés..... Il est juste que les communes viennent à l'aide de leurs établissements hospitaliers, en ce sens qu'elles doivent leur fournir le complément nécessaire pour acquitter les dépenses indispensables..... Il doit suffire que les communes interviennent annuellement pour combler le déficit. »

On voit, d'après ces textes, et surtout d'après le rapport de M. de Gasparin, que ce que M. Vivien et la Chambre ont voulu rejeter, c'est l'obligation des secours aux hôpitaux et hospices, en d'autres termes, c'est d'imposer aux communes tel ou tel système de secours aux établissements de bienfaisance : mais on n'a pas voulu dispenser les villes possédant un octroi de l'obligation de subventionner les établissements de bienfaisance.

1. Ordonnance royale du 31 mai 1838 portant règlement sur la comptabilité publique :

Art. 908. — La quotité des fonds que les communes doivent prélever sur les produits de leur octroi pour les verser dans les caisses des établissements de charité, est déterminée chaque année par l'autorité qui fixe les budgets, d'après les délibérations prises sur ces demandes par les conseils municipaux.

Loi du 24 juillet 1867, article 17:

Il n'est pas dérogé aux dispositions spéciales concernant l'organisation des administrations de l'*assistance publique*, du *mont-de-piété* et de l'*octroi* de Paris.

2. Selon l'opinion contraire, les communes ne doivent pas en principe de secours aux pauvres. Si des lois successives sont venues créer des ressources pour les établissements de bienfaisance, comme, par exemple, la loi de frimaire an V, c'est pour venir en aide aux communes et leur donner les ressources dont elles voudraient user en faveur de leurs pauvres; mais non pas pour leur imposer ces ressources.

La loi de 1837, qui donne limitativement l'énumération des dépenses obligatoires, ne parle dans son article 20, § 30, que des dépenses que des lois spéciales ont mises à la charge des communes ; la question de l'assistance publique communale a été agitée dans la discussion de la loi et ce service n'a pas été compris parmi les dépenses obligatoires, il n'y a donc pas lieu de l'y inscrire implicitement. A l'appui de cette thèse, on cite un passage du rapport de M. Mounier, rapporteur de la loi de 1837, à la Chambre des pairs, déclarant qu'il n'est pas possible de laisser dans les dépenses facultatives « les secours aux hôpitaux et hospices » et demandant leur inscription aux dépenses obligatoires, inscription *qui n'a pas été faite*.

Enfin, les octrois qui, dès le principe, ont été rétablis pour subvenir de préférence aux charges des établissements de bienfaisance, ont été détournés de leur destination première par l'ordonnance du 9 décembre 1814 et la loi de 1816; « depuis cette époque, les octrois sont établis pour subvenir aux dépenses qui sont à la charge des communes » (art. 5 de l'ord. de 1814). Or, comme les dépenses de bienfaisance ne sont pas obligatoirement à la charge des communes, les octrois peuvent être établis maintenant sans prélèvement au profit des établissements de bienfaisance.

Il y a lieu d'ajouter que la question plusieurs fois examinée, n'a jamais été discutée à fond. Le directeur de l'assistance publique cependant, dans son rap-

sements. Il lui appartient, à propos de ce vote, d'exercer un contrôle moral tout puissant sur le fonctionnement de l'assistance publique, contrôle qui n'appartient pas d'ordinaire aux municipalités. L'administration préfectorale et l'administration de l'assistance publique doivent tenir toujours le plus grand compte des vœux et des observations du conseil municipal sur l'emploi des deniers votés par lui en faveur des pauvres; mais, en droit strict, il est certain qu'à Paris comme dans toutes les communes, les attributions du conseil municipal, en matière hospitalière, sont renfermées dans les limites indiquées plus haut.

Cela s'explique d'ailleurs fort bien par l'esprit général de la législation hospitalière en France, qui confie le soin des pauvres à la charité privée, réglementée par les pouvoirs publics. Ce caractère des établissements hospitaliers les a soustraits à l'autorité municipale.

La subvention étant obligatoire, il en résulte nécessairement qu'une condition ne peut y être imposée.

Cette théorie a récemment trouvé son application. Le 30 décembre 1882, le conseil municipal n'avait voté la subvention à l'Assistance publique que sous la condition qu'il serait procédé à la laïcisation d'un certain nombre d'établissements hospitaliers dans un délai déterminé.

Un décret du 7 mars 1883 intervint pour annuler cette délibération. Il résume parfaitement la thèse que nous venons d'indiquer. En voici la teneur :

Le Président de la République française,

Vu la délibération, en date du 30 décembre 1882, par laquelle le conseil municipal de Paris, après avoir fixé le chiffre des subventions à allouer pour l'année 1883, sur le budget municipal, à l'assistance publique, a imposé à l'administration la condition qu'il serait « procédé à la laïcisation de deux établissements hospitaliers pour le 1er avril; de deux autres pour le 1er septembre; de deux autres pour le 31 décembre 1883; et que les suppressions d'aumôniers votées par le conseil municipal auraient leur effet à partir du 1er janvier 1883 »;

Vu une seconde délibération, en date du 31 janvier 1883, par laquelle le

---

port sur le projet du budget de 1880, rappelle l'origine de la subvention municipale. Dans la séance du 31 janvier 1883, M. Oustry, préfet de la Seine, en conclut qu'elle est obligatoire et M. Sigismond Lacroix, dans sa réponse, déclare qu'il n'y a pas lieu pour l'instant de combattre cette théorie, laquelle n'intéressait pas le débat soulevé à ce moment.

La décision du Conseil d'État du 28 décembre 1885, relative à la subvention municipale (voir p. 282) ne parle pas de son caractère obligatoire ou facultatif.

Dans le sens de l'obligation, voir *Revue*, 1883, II, 111, une intéressante étude de M. Alexis Chevalier : *Caractère obligatoire des subventions allouées sur l'octroi.*

conseil municipal modifie son premier vote, en ce sens que l'administration serait tenue de procéder, dans le courant de l'année 1883, à la laïcisation de trois établissements hospitaliers (au lieu de six) comprenant un minimum de cent religieuses;

Vu le décret en date du 31 décembre 1882, qui a réglé le budget de la ville de Paris;

Vu la loi du 10 janvier 1849, et notamment les articles 1, 3 et 5 ainsi conçus :

Art. 1er. — L'administration générale de l'assistance publique est placée sous l'autorité du préfet de la Seine et du ministre de l'intérieur; elle est confiée à un directeur responsable sous la surveillance d'un conseil;

« Art. 3. — Le directeur exerce son autorité sur les services intérieurs et extérieurs.....

« Art. 5. — Le conseil de surveillance est appelé à donner son avis sur... les règlements de service intérieur des établissements; »

Vu la loi du 18 juillet 1837, articles 21 et 24;

Vu la loi du 14 avril 1871;

Considérant que le conseil municipal appelé seulement à émettre son avis sur les comptes et budgets de l'assistance publique, et à formuler des vœux sur les questions d'intérêt local, ne peut rien prescrire, en ce qui concerne le régime des établissements hospitaliers, sans empiéter sur les droits que le directeur de l'assistance publique, le préfet de la Seine et le ministre de l'intérieur tiennent de la loi, sans excéder, par conséquent, les limites de sa propre compétence;

Que ce qu'il ne peut faire par voie de prescription directe, il ne saurait le faire en subordonnant à l'exécution de ses injonctions, l'emploi des crédits de subventions sans lesquels la distribution des secours publics à Paris devrait être suspendue;

Que, dès lors, il y a lieu de supprimer, comme illégales, les conditions imposées dans les délibérations susvisées;

Décrète :

Art. 1er. — Sont annulées les délibérations susvisées prises par le conseil municipal de Paris, à la date des 30 décembre 1882 et 31 janvier 1883, en tant qu'elles subordonnent l'emploi des crédits inscrits au budget municipal de la ville de Paris, à titre de subventions à l'administration générale de l'assistance publique, à l'exécution de mesures que le conseil était incompétent pour prescrire, et que la loi remet à la décision des autorités préposées à l'administration de l'assistance publique.

Art. 2. — Le ministre de l'intérieur est chargé de l'exécution du présent décret.

Fait à Paris, le 7 mars 1883.

Signé : Jules Grévy.
Par le Président de la République,
Le Ministre de l'Intérieur,
Signé : Waldeck-Rousseau.

Cette théorie a été confirmée par deux décrets, du 14 janvier 1884 et du 21 janvier 1885, dont les considérants sont à peu près la reproduction de ceux du décret du 7 mars 1883 [1].

---

1. C'est à la séance du 30 décembre 1882, que, sur la proposition de M. Sigismond Lacroix, le conseil municipal déclara subordonner la subvention municipale à l'exécution de diverses mesures parmi lesquelles se trouvait en première ligne la laïcisation des hôpitaux.

M. Rousselle avait déposé à ce sujet un projet de vœu qui fut d'ailleurs adopté. M. Sigismond Lacroix prit alors la parole en ces termes :

« Nous avons déjà voté plusieurs fois des ordres du jour semblables sans obtenir satisfaction. Il n'y a qu'un moyen pratique d'arriver au but que nous poursuivons : c'est de subordonner l'allocation des subventions qui nous sont demandées à la condition *sine qua non* de la suppression de tous les aumôniers. Je représenterai cette proposition, lors du vote sur le chiffre des subventions municipales. »

M. le directeur de l'assistance publique, sans discuter la légalité de cette condition, fit observer que si la subvention n'était votée que conditionnellement, les différents services resteraient en souffrance puisqu'il ne pourrait avoir la libre disposition de la subvention qu'après l'exécution de la condition imposée par le conseil « laquelle peut même n'être pas acceptée par l'autorité supérieure. »

En vain, M. le préfet Oustry déclara-t-il qu'il admettait pour le conseil municipal la faculté de désigner les services auxquels s'appliquerait la subvention, ce qui, pensait-il, aurait évité au conseil le reproche de s'immiscer sans droit dans l'administration générale de l'assistance publique ; M. Sigismond Lacroix donna au vote du conseil municipal sa portée dans les paroles suivantes :

« La première disposition du projet de délibération est celle-ci : le conseil est d'avis qu'il y a lieu d'approuver le budget de l'assistance publique. En effet, aux termes de la loi, le conseil, sur ce point, ne peut émettre qu'un avis; nous partageons à ce sujet l'opinion de M. le préfet.

« Quant à l'article 2, M. le préfet n'a pas nié qu'il ne soit tout autre chose qu'un avis.

« En effet, si le conseil fournit une subvention, il reste libre de voter les conditions auxquelles il la soumet. C'est donc une délibération formelle que nous vous proposons..... Le vote de la subvention est facultatif pour le conseil, qui a dès lors le droit d'y apporter telles conditions qu'il lui convient. C'est ce que vous avez fait précédemment pour les caisses d'écoles, par exemple, et au conseil général pour les subventions scolaires aux communes. »

L'assimilation de cette subvention aux crédits alloués pour les caisses d'écoles et aux subventions scolaires aux communes démontrait que, dans l'esprit de l'auteur de la proposition, elle n'était pas plus obligatoire que celle qu'il venait de citer. Le conseil vota donc la condition mise au vote de la subvention à l'assistance publique. C'est ce vote qui fit l'objet du décret d'annulation du 7 mars 1883.

M. Sigismond Lacroix déclarait, en outre, dans la séance du 31 janvier suivant, que selon lui la situation du conseil municipal vis-à-vis de l'assistance publique ne résultait pas des textes cités par l'administration, textes reproduits plus haut, mais de la loi de 1849 dans laquelle il n'est pas fait mention de l'obligation d'une subvention à l'assistance publique.

La question fut depuis 1883 débattue à chaque session budgétaire et le conseil municipal subordonna chaque fois le vote de la subvention à la condition de laïcisation des établissements hospitaliers.

Pour le budget de 1884 (29 décembre 1883), le conseil exigeait la transformation de deux établissements avant le 1er avril, et la continuation de la préparation

Les dépenses de l'assistance publique se répartissent entre les divers services de secours publics qu'il importe d'examiner avec soin.

III. — Examen détaillé de chacun des services essentiels de l'assistance publique.

SERVICE HOSPITALIER.

Parmi les nombreux établissements hospitaliers de l'assistance publique, il faut distinguer : 1° les hôpitaux ; 2° les hospices ; 3° les établissements hospitaliers fondés par la charité privée et soumis comme tels à des règles spéciales.

Un hôpital est un établissement où ne sont recueillis que des mala-

---

de laïcisation dans les autres hôpitaux. Un décret du 14 janvier 1881 annula ces diverses conditions. Ce décret fut lui-même déféré au Conseil d'État sur l'invitation du conseil municipal qui appuyait son recours sur l'article 1172 du Code civil portant que toute condition d'une chose impossible ou contraire aux bonnes mœurs ou prohibée par la loi est nulle et rend nulle la convention qui en dépend :

« Le Gouvernement, dit M. Robinet (séance du 22 février 1881) ne pouvait donc annuler partiellement notre délibération ; il ne pouvait, d'après cet article, que l'annuler dans son ensemble. On ne saurait invoquer l'article 900 du Code civil ainsi conçu : *dans toute disposition entre vifs ou testamentaire, les conditions impossibles, celles qui seront contraires aux lois ou aux mœurs, seront réputées non écrites*, car ces subventions n'ont à aucun degré le caractère d'une donation, mais bien celui d'une convention, etc..... Le Conseil d'État dans sa séance du 26 décembre 1885 rejeta la requête de la ville de Paris.

Voici la teneur de cette décision :

CONSEIL D'ÉTAT.

Séance du 26 décembre 1885.

Sans qu'il soit besoin de statuer sur la fin de non-recevoir opposée par le ministre de l'intérieur.

Considérant qu'en vertu de la loi du 14 avril 1871, l'annulation des délibérations prises par le conseil municipal de Paris sur des objets étrangers à ses attributions doit être prononcée par décret ;

Considérant que, dans la séance du 29 décembre 1883, le conseil municipal a déclaré qu'il votait les crédits applicables aux dépenses de l'assistance publique pour l'exercice 1881, sous la condition expresse que l'administration prendrait et mettrait à exécution, avant le 1er avril 1881, des décisions modifiant le régime intérieur des établissements hospitaliers dont la direction est, aux termes de la loi du 10 janvier 1849, placée sous l'autorité du préfet de la Seine et du ministre de l'intérieur ; que cette délibération, dans les termes où elle est formulée, n'a pas le caractère d'un simple vœu, mais celui d'une injonction adressée à l'autorité supérieure sur des objets qui rentrent dans les attributions de ladite autorité; qu'ainsi c'est avec raison que le décret du 14 janvier 1881 a annulé la délibération du 29 décembre 1880, en tant qu'elle contient une injonction étrangère aux attributions du conseil municipal de Paris.

Décide :

La requête de la ville de Paris est rejetée.

des. Il existe 11 établissements généraux où l'on soigne toutes les affections aiguës ou chirurgicales, et 11 établissements spéciaux, affectés à des catégories particulières de malades.

L'admission dans les hôpitaux est prononcée en principe au bureau central formé par les médecins et chirurgiens des hôpitaux les plus récemment nommés. Les malades sont transférés de là dans les hôpitaux où leur maladie est plus spécialement traitée ; cependant, depuis plusieurs années, la plupart des admissions se font directement dans chacun des hôpitaux.

Les indigents, dont la maladie peut être soignée sans inconvénients à domicile, y sont renvoyés pour être soignés par les médecins des bureaux de bienfaisance. On tient compte, sous forme d'allocation proportionnelle, à chaque bureau de bienfaisance, du nombre des malades qui lui sont renvoyés.

Des mesures sont prises pour s'assurer de la réelle indigence et du domicile de secours des malades admis. En effet, la loi du 7 août 1851, ainsi que nous l'avons dit, n'exige aucun domicile pour l'admission d'un nécessiteux dans les hôpitaux; mais, d'après la loi de vendémiaire an II, la commune où il a son domicile de secours doit supporter les frais de traitement. D'autre part, si le malade n'est pas indigent, ou si sa famille a des ressources, l'administration recouvre les frais de traitement sur les personnes qui, aux termes des articles 206, 207, 208 du Code civil, lui doivent les aliments.

Un hospice est un établissement dans lequel sont recueillis des infirmes ou des vieillards indigents.

Les conditions d'admission sont réglementées par un arrêté du 27 août 1860, approuvé par le ministre de l'intérieur, qui a institué une commission centrale chargée de classer les demandes de placement, lesquelles ne sont admises qu'après enquête faite sur la position de chaque candidat, relativement à son état d'infirmité, de misère et d'âge.

Au fur et à mesure des vacances, l'administration de l'assistance publique choisit, sur la liste dressée par la commission, les individus dont la situation lui paraît la plus intéressante.

Pour être admis, il faut être âgé de 70 ans révolus, domicilié depuis deux ans au moins à Paris et inscrit sur les contrôles du bureau de bienfaisance, ou produire un certificat des médecins ou chirurgiens du bureau central constatant des infirmités incurables.

Au point de vue juridique, on aperçoit donc une grande différence entre les hôpitaux et les hospices. Il n'y a pas de domicile de secours pour les premiers, il y en a un pour les seconds.

La condition d'âge cesse d'être exigée lorsqu'il s'agit d'un infirme incurable, ne pouvant travailler. Dans ce cas, un certificat d'un médecin du bureau central d'admission est nécessaire.

Le ministre de l'intérieur, le préfet de la Seine et le préfet de police ont chacun un droit de présentation à raison de 4 pour le ministre, de 1 pour chacun des deux préfets sur 52 vacances.

A Bicêtre et à la Salpêtrière, à côté des vieillards qui forment la plus grande partie de la population hospitalisée, on a institué des quartiers pour les aliénés et pour les enfants idiots et épileptiques délaissés dans leurs familles.

Les établissements hospitaliers fondés par la charité privée sont assez nombreux à Paris. Ils sont réglementés d'après la volonté des fondateurs, mais cependant soumis aux règles générales d'administration de l'assistance publique. Ils ont leur budget spécial, complété parfois par des subventions de l'assistance publique. Mais, ce qui caractérise ces établissements, c'est que le directeur de l'assistance publique, tout en ayant sur eux la haute direction et le contrôle, est obligé de se conformer aux prescriptions du fondateur, alors même que la subvention dépasserait les revenus de la fondation.

ORGANISATION D'UN ÉTABLISSEMENT HOSPITALIER.

Partout ailleurs qu'à Paris, chaque hôpital est doté d'une organisation propre, et soumis à une direction indépendante, émanant d'une commission hospitalière.

A Paris, les hôpitaux dépendent tous de l'administration centrale de l'assistance publique et sont dirigés sous cette haute autorité par un directeur assisté d'un économe pour la partie administrative, et par des chefs de service, médecins ou chirurgiens, assistés d'élèves internes ou externes, pour la partie médicale.

Chacune de ces autorités, administrative et médicale, est indépendante dans sa sphère, et aucune hiérarchie n'est établie entre elles.

Les directeurs des hôpitaux sont nommés par le préfet de la Seine sur la présentation de trois candidats par le directeur de l'assistance publique, conformément à la loi de 1849.

Les médecins sont nommés par le ministre de l'intérieur sur la présentation du préfet de la Seine. On ne peut présenter que des médecins du bureau central qui, eux, sont nommés au concours.

Ce bureau central est chargé de prononcer l'admission et la répartition dans les divers hospices et hôpitaux des malades qui se présentent à son examen.

Depuis quelque temps cependant, les malades peuvent être admis d'urgence et directement dans les hôpitaux sans être obligés de se présenter au bureau central (art. 11 du règlement du service de santé).

Les médecins du bureau central sont chargés de renvoyer au traitement à domicile les personnes qu'ils ne jugent pas assez sérieusement malades, mais ils peuvent leur donner immédiatement une prescription qui est exécutée gratuitement dans les pharmacies des hôpitaux et dans celles des bureaux de bienfaisance.

Un hôpital ne peut refuser l'entrée d'un malade porteur d'un bulletin d'entrée du bureau central.

Les médecins des hôpitaux sont assistés d'élèves internes et externes.

Les fonctions des élèves internes consistent :

1° A suivre dans le traitement interne toutes les visites des chefs auxquels ils sont attachés;

2° A assister aux visites pour le traitement externe et aux consultations gratuites lorsqu'ils sont désignés pour ce service;

3° A rédiger les feuilles d'observations, à tenir ou à surveiller les cahiers de visites ;

4° A faire les opérations urgentes et les pansements nécessaires.

Ils peuvent modifier dans l'intervalle des visites, selon l'état des malades, les prescriptions de leurs chefs, sauf à leur en rendre compte.

Ils ont à faire les prescriptions urgentes pour les malades admis depuis la visite du chef de service (art. 59).

Les élèves externes ont à aider d'une manière générale les internes sous la surveillance desquels ils sont placés.

Les divers élèves des hôpitaux sont soumis à l'autorité du directeur et de l'économe de l'hôpital, sous le rapport administratif et sous le rapport de police intérieure, et aux médecins, sous le rapport du service de santé.

Ils sont tenus de rendre compte au directeur de l'hôpital de tout ce qui peut survenir d'extraordinaire dans leur service, en l'absence des médecins.

L'organisation du service des internes dans les hôpitaux de Paris a soulevé une question qui a été fort débattue et qui vient d'être résolue.

Aucune loi, aucun règlement n'interdisant aux femmes la faculté de passer les examens pour l'obtention du grade de docteur en médecine, de longue date un certain nombre de femmes se sont fait recevoir médecin et ont exercé cette profession. Le désir légitime devait s'emparer d'elles, d'obtenir le droit d'être admises dans les hôpitaux, pour y recevoir l'enseignement pratique indispensable à de bonnes études médicales et bénéficier des titres d'externes et même d'internes des hôpitaux qui leur assurent la confiance du public.

Aussi, la question se posa dès 1871. Le Dr Guérin fit à ce sujet un rapport défavorable au conseil de surveillance, qui rejeta la demande formée par les étudiantes.

En 1879, les intéressées tentèrent une nouvelle démarche qui se heurta au rapport défavorable de la commission de 20 membres (médecins et chirurgiens des hôpitaux), chargée à cette époque d'étudier la révision du règlement concernant le service médical des hôpitaux.

En 1881, sur une nouvelle demande, le directeur de l'assistance publique proposa d'autoriser les femmes à concourir pour l'externat seulement, mais on ne se dissimulait pas que le but des étudiantes en médecine était d'arriver progressivement à l'internat et à toutes les fonctions accessibles par la voie du concours. Afin d'enrayer ce mouvement, l'arrêté du 17 janvier 1882, sur l'avis favorable du conseil de surveillance, spécifia que les femmes ne pourraient en aucun cas se prévaloir de leur titre d'élève externe pour concourir pour l'internat.

Malgré cette restriction, les femmes, à l'heure actuelle, ont réclamé et obtenu l'application complète de l'article 102 du règlement sur le service médical des hôpitaux, qui admet à concourir pour l'internat tous les externes[1].

1. Cette réclamation s'était heurtée à une résistance extrêmement vive.

Les adversaires des internes-femmes présentaient trois arguments principaux :

1° L'internat ne devait pas être considéré au point de vue de l'intérêt des internes, mais du bon fonctionnement du service hospitalier. Si donc les femmes peuvent nuire à ce fonctionnement, elles ne doivent pas être admises, l'internat étant une fonction et non pas un titre ;

2° Présomption d'incapacité de remplir les fonctions d'interne résultant du sexe ;

Indépendamment de la direction administrative et de la direction médicale des services hospitaliers, le personnel d'un hôpital se compose encore d'un certain nombre d'agents chargés à divers degrés des soins moraux et matériels donnés aux malades, et qui ont ce caractère commun d'être placés en contact incessant avec eux et à leur disposition permanente : ce sont les aumôniers, les internes et le personnel des gardes-malades. Indépendamment de la question des internes femmes, l'organisation de ce personnel a soulevé à Paris diverses contestations qu'il est utile d'examiner.

Le service de l'aumônerie des hôpitaux a été complètement transformé depuis quelques années. En 1881, lors du vote de la subvention annuelle à l'assistance publique, le conseil municipal refusa les crédits nécessaires aux traitements des aumôniers des hôpitaux et hospices. Ce vote soulevait deux questions : *En droit*, l'autorité préfectorale

---

3° Atteinte portée à l'ordre et à la discipline, par la présence dans les salles, d'élèves des deux sexes, et inconvénients de la vie en commun dans les salles de garde ;

4° Obligation de n'admettre les élèves-femmes que dans certains hôpitaux désignés et par suite d'établir des inégalités entre les internes, de priver les chefs de services du droit que leur confère le règlement de choisir leurs élèves ;

5° Inutilité pour les élèves-femmes du titre d'internes, puisque admises comme bénévoles, comme stagiaires et comme externes, elles peuvent faire des études complètes.

Il n'y avait aucune difficulté d'admettre le premier de ces arguments. Il est certain que l'on devait se placer au point de vue de l'intérêt des malades avant d'examiner la question au point de vue de l'intérêt des élèves-femmes. Mais il aurait fallu, pour que cet argument eût une portée véritable, qu'il fût bien démontré que la présence des femmes dans les hôpitaux, en qualité d'internes, aurait eu pour résultat d'apporter des difficultés sérieuses au service. Si l'admission des femmes devait simplement entraîner quelques modifications d'ordre intérieur sans importance, il n'y avait pas lieu de s'arrêter à cet ordre d'objections.

L'argument tiré de la présomption d'incapacité de remplir les fonctions d'interne résultant du sexe, n'avait pas non plus grande valeur.

Une présomption éliminatoire peut être admise lorsqu'il s'agit d'un droit à conférer sans examen préalable et spécial pour chaque individu, mais lorsqu'il s'agit d'un concours, on ne doit pas parler d'une présomption, puisque l'essence même d'un concours est l'acceptation ou la non-acceptation des candidats après un examen individuel et portant sur toutes les qualités requises pour l'aptitude aux fonctions.

Cependant on insistait et on affirmait que la femme était incapable d'assumer les responsabilités qui incombent à l'interne de garde. La femme, disait-on, est moralement et physiquement trop faible pour soutenir pendant toute une nuit le poids du service médical de tout un hôpital. Sans discuter la vérité de cette assertion, on a pensé qu'il suffirait, pour obvier à cet inconvénient, de modifier légèrement l'organisation intérieure du service, le nombre des femmes admises à l'internat devant être d'ailleurs très restreint en pratique.

Quant à l'atteinte portée à l'ordre et à la discipline par la présence, dans les salles, d'élèves des deux sexes, cet argument avait déjà été présenté lorsqu'il ne s'agissait que d'accorder le droit des femmes au concours pour l'externat. L'ex-

pouvait-elle supprimer les aumôniers? *Au point de vue hospitalier*, cette suppression présentait-elle des difficultés?

Au point de vue juridique, l'argument présenté par les défenseurs des aumôniers était fondé sur l'ordonnance du 31 octobre 1821. Cette ordonnance contient un article 17 ainsi conçu : Le service intérieur de chaque hospice sera régi par un règlement particulier proposé par la commission administrative et approuvé par le préfet. Ces règlements détermineront, indépendamment des dispositions d'ordre et de police concernant le service intérieur, le *nombre des aumôniers*, médecins, pharmaciens, chirurgiens, employés et gens de service. — Art. 18. Les aumôniers sont nommés par les évêques diocésains sur la présentation de trois candidats par les commissions administratives.

Tels sont les textes sur lesquels on s'appuyait pour nier au préfet le droit de supprimer les aumôniers.

Ces textes n'ont rien de décisif. En effet, l'on ne saurait prétendre qu'ils imposent une obligation, car cette ordonnance qui est applicable à toute la France, ne pouvait avoir l'intention d'imposer tout un personnel considérable dans des localités de peu d'importance où l'organisation est infiniment plus rudimentaire que celle qui est indiquée dans l'ordonnance à titre de modèle, et où le curé de la paroisse donne les secours spirituels aux malades.

---

périence en a fait justice. Il est vrai que l'internat a pour conséquence d'établir une plus grande intimité de vie entre les élèves des deux sexes. Mais il est facile de prendre des mesures pour que les internes femmes soient séparées des internes hommes en dehors des heures du service : les directeurs des hôpitaux n'ont qu'à exercer la surveillance nécessaire à ce point de vue.

Une objection infiniment plus sérieuse, c'est l'obligation présumée de n'admettre les élèves-femmes que dans certains hôpitaux. Mais rien n'empêcherait d'admettre l'entrée des femmes dans tous les hôpitaux, excepté l'hôpital du Midi. D'ailleurs, le nombre des femmes admises à l'internat sera toujours vraisemblablement fort restreint, et, dès lors, on pourra, s'il y a lieu, leur appliquer certaines règles spéciales sans gêner le fonctionnement de l'institution de l'internat.

Il n'y a aucune nécessité de faire des distinctions entre les hôpitaux pour l'admission des femmes internes, basées sur le défaut d'autorité des femmes sur certaines malades. L'autorité ne dépend pas du sexe, mais du caractère de celui qui est pourvu d'une fonction. On voit d'ailleurs bien souvent des femmes à la tête de grands établissements privés qui demandent une autorité et une énergie supérieures à celles exigées d'un interne.

En résumé, il n'y a pas une seule des objections faites à l'internat des femmes qui soit sans réplique. Certaines d'entre elles peuvent être prises en considération, mais aucune ne peut former un empêchement absolu.

Il y a donc lieu d'établir des règles d'ordre intérieur destinées à obvier aux légers inconvénients de l'admission des femmes, et, sous ces réserves, l'administration peut prendre une mesure équitable envers les femmes, sans nuire à une institution dont on apprécie universellement l'importance.

Cette ordonnance avait pour but d'indiquer la procédure à suivre dans le cas, très fréquent à cette époque, où une commission d'hospice voulait attacher un aumônier à l'établissement.

Tel est bien le sens de cette ordonnance, ainsi qu'on peut s'en rendre compte par l'instruction du 8 février 1823 sur l'administration des hospices, qui consacre un chapitre à l'exercice du culte sans dire que des aumôniers doivent être institués dans les hospices.

Le législateur procède tout autrement lorsqu'il veut établir une obligation ; c'est ainsi que l'arrêté consulaire du 19 frimaire an XI, article 28, porte : « Il y aura un aumônier dans chaque lycée », et l'ordonnance du 1er octobre 1814, dans son article 1er : « Il sera attaché un aumônier à chacun des hôpitaux militaires. »

A Paris, d'ailleurs, lors de la création des aumôniers dans les hospices et hôpitaux, il n'a été pris par le Gouvernement aucune décision de principe sur le caractère obligatoire de l'institution des aumôniers. Le conseil général des hospices de Paris, dans sa séance du 15 prairial an X, avait pris un arrêté relatif au service du culte dans les hospices. Portalis déclara que l'administration des hospices devait se conformer aux prescriptions de l'article 44 de la loi du 18 germinal an X, portant que les chapelles domestiques, les oratoires particuliers ne peuvent être établis sans une permission expresse du Gouvernement accordée sur la demande de l'évêque.

Une circulaire de Chaptal, du 27 fructidor an XI, vint confirmer la déclaration de Portalis en l'étendant à tous les hospices du territoire français. Il importe de signaler le passage suivant de cette circulaire : « Il convient de faire connaître aux commissions qu'il ne peut être question de fixation de traitement et de frais de culte que quand elles ont obtenu, pour le maintien ou le rétablissement de l'exercice du culte dans les hospices, les permissions voulues par la loi du 18 germinal an X. »

Cette circulaire étant encore en vigueur, les aumôniers créés dans un hospice où l'exercice du culte n'a pas été autorisé conformément à la loi de l'an X, peuvent être supprimés sans aucune intervention de l'autorité supérieure. Ils n'ont pas, en effet, d'existence légale. Leur établissement n'a pas été régulier et aucune disposition légale et réglementaire ne peut être invoquée pour leur maintien.

Leur suppression, d'une incontestable légalité, se justifie-t-elle par de sérieuses considérations de l'ordre administratif? Le principe sur lequel on s'est fondé est celui-ci : un établissement hospitalier doit, au point de vue des soins matériels et moraux, se rapprocher des soins donnés dans la famille. Or, les familles, au point de vue religieux, n'ont pas habituellement un aumônier à leur disposition permanente. Elles se bornent à demander les secours spirituels au clergé paroissial chaque fois qu'elles le jugent utile.

L'idée de l'administration a été de traiter de même le malade hospitalisé ; des mesures ont été prises pour que les malades puissent recevoir les secours spirituels en temps utile. Un *modus vivendi* a été établi à cet égard entre l'administration et l'archevêché de Paris. Pour les établissements matériellement éloignés des paroisses, on a maintenu la présence de l'aumônier. Mais ces mesures prises pour satisfaire aux besoins religieux de la population hospitalière, l'administration a supprimé des pressions contraires à la liberté de conscience en ne considérant plus le prêtre comme un fonctionnaire nécessaire à l'organisation même d'un hôpital.

L'aumônier fonctionnaire pouvait, dans certains cas, susciter dans le personnel de service congréganiste des difficultés assez graves à l'administration[1].

Ce sont les mêmes raisons qui ont déterminé l'administration de l'assistance publique, de concert avec le conseil municipal, à entreprendre la laïcisation des surveillants des hôpitaux. Mais la question est infiniment plus complexe. Il s'agit, en effet, de remplacer un personnel congréganiste expérimenté, sans que les malades aient à souffrir de ce changement.

Le maintien des sœurs a été réclamé assez vivement par un certain nombre de médecins des hôpitaux et de conseillers municipaux. On

1. Le débat qui a eu lieu au conseil municipal dans sa séance du 27 décembre 1881 au sujet de la suppression des appointements des aumôniers des hôpitaux dans le budget de l'assistance publique, met en lumière les diverses faces de la question

L'administration avait déjà depuis deux ans supprimé le crédit de divers aumôniers, conformément aux votes réitérés du conseil municipal, et le directeur de l'assistance publique acceptait les nouvelles suppressions proposées, à l'exception des aumôniers de Lariboisière, de Beaujon et des enfants assistés. L'un des membres de la droite, M. Despatys, soutenait que l'arrêté de frimaire an XI qui consacrait la présence des aumôniers dans les hôpitaux était fondé sur l'existence du concordat. « La suppression est réclamée sous le prétexte qu'il y a possibilité d'aller chercher les secours de la religion à l'église voisine. Or vous savez bien que cela est absolument impraticable dans un hôpital. Ce n'est pas au moment où

invoque d'abord en leur faveur l'ancienneté de la tradition qui *leur assigne la mission* de soigner les malades. C'est ainsi que l'arrêté consulaire du 24 vendémiaire an XI, régularisant une situation de fait, autorisait les sœurs de la charité « à se consacrer comme par le passé au service des malades dans les hospices ».

Cette longue tradition a eu pour résultat de donner aux sœurs appartenant aux ordres hospitaliers, une véritable expérience des soins que demandent les malades, et une autorité plus grande sur le personnel de service subalterne.

On dit ensuite : les sœurs ont, par leur position dans la société, un dévouement exclusif à leur mission que l'on ne peut obtenir de surveillantes laïques qui seront distraites de leurs fonctions par leurs préoccupations de famille.

On fait enfin valoir l'avantage financier résultant pour l'assistance publique du maintien des sœurs, qui peuvent se contenter de salaires moins élevés. Tels sont les principaux arguments des adversaires de la laïcisation.

A ces arguments, nous pouvons répondre que depuis longtemps déjà, le personnel laïque fonctionne dans certains hôpitaux sans qu'aucune plainte se soit élevée contre leurs services. Il y a même un certain nombre d'établissements hospitaliers qui n'ont jamais été desser-

---

un malade se meurt, qu'il peut demander l'aumônier. Le pût-il, l'aumônier arriverait presque toujours trop tard .... Il y a là une atteinte à la liberté de conscience, atteinte d'autant plus grave que la croyance catholique est celle de la majorité de nos concitoyens. » M. Rousselle répliqua : «...... Pourquoi ne pas attacher aussi à l'hôpital un pasteur et un rabbin ? et qu'y mettrez-vous pour les libres-penseurs ? — On nous dit que les agonisants ne pourraient obtenir les secours de la religion ? Ne sont-ils pas dans la même situation que s'ils se trouvaient dans leur domicile particulier ? Il existe des églises dans les périmètres des hôpitaux et on pourra facilement faire demander le prêtre qui devra venir auprès du malade.... »

Entre ces deux opinions, M. le directeur de l'assistance publique était d'avis de maintenir la suppression des aumôniers de certains hôpitaux à proximité d'une église, et réclamait le maintien des autres. « Les convictions des malades à leur entrée à l'hôpital, ils ont le droit de les garder, et nous devons leur faciliter l'exercice de ce droit. Je ne demande pas mieux que d'approuver la suppression de tous les aumôniers, mais à la condition qu'une convention avec l'archevêché interviendra pour assurer le concours des prêtres voisins des hôpitaux aux malades qui le réclameront. »

Enfin, le rapporteur du budget rappela que l'article 17 de l'ordonnance du 21 octobre 1821 donne aussi bien le droit aux préfets de supprimer la totalité des aumôniers que celui d'en réduire le nombre : d'ailleurs, dans une dépêche du 27 juin 1881, le ministre de l'intérieur reconnait que la dépense n'est pas obligatoire. — Le conseil vota la suppression totale des aumôniers.

vis que par des laïques et parmi ceux-ci les plus importants : Bicêtre et la Salpêtrière [1].

D'autre part, il ne faut pas se méprendre sur le rôle véritable des sœurs dans les hôpitaux. Elles ne remplissent guère qu'une mission de surveillance : le fonctionnement même des services est entièrement dévolu à des infirmières et infirmiers laïques. Les sœurs dirigent la lingerie, la buanderie, la cuisine ; elles distribuent les aliments et les

1. *Établissements qui ont toujours été desservis par des laïques.*

DÉSIGNATION des ÉTABLISSEMENTS.	NOMBRE de lits.	NOMBRE DE Surveillantes, sous-surveillantes, suppléantes.	Surveillants ou sous-surveillants.	Serviteurs.	Filles de service.	Total.	DÉPENSE en 1884.
Midi.	336	3	8	29	1	41	15,300
Accouchement. .	350	18	4	9	49	80	31,200
Clinique.	130	6	4	7	21	41	15,100
Maison de santé .	341	16	4	43	21	81	32,000
Bicêtre	2,161	30	29	183	43	285	116,100
Salpêtrière. . . .	3,891	120	12	29	321	485	191,200
Sainte-Périne. . .	289	7	3	9	5	21	9,700
Bichat.	180	15	4	19	20	58	21,600
Tournelles. . . .	100	7	3	7	13	30	10,900
Saint-Michel [1]. . .	22	2	»	1	»	3	1,300
Devillas.	65	2	1	3	2	8	3,100
Lenoir-Jousseran.	122	4	1	5	5	15	6,100
Riboutté-Vitallis.	40	1	2	»	3	6	3,700

1. Fondations.

Établissements laïcisés.

DÉSIGNATION des ÉTABLISSEMENTS.	DATE de la LAÏCISATION.	NOMBRE DE LITS.	PERSONNEL avant la LAÏCISATION. Nombre.	Dépense.	PERSONNEL EN 1884. Surveillantes, s.-surveillantes, suppléantes.	Surveillants ou s.-surveillants.	Serviteurs hommes.	Filles de service.	Total.	DÉPENSE en 1884.
				fr.						fr.
Laënnec [1].	1er déc. 1878.	612	61	14,112	33	4	36	40	113	11,000
Pitié	1er oct. 1880.	719	125	30,222	26	4	51	41	123	47,000
Ménages.	1er janv. 1881	1,461	58	11,111	22	6	18	13	59	21,100
La Rochefoucauld	Id.	216	27	6,380	7	2	8	6	23	8,800
Saint-Antoine. .	1er août 1881.	697	126	31,150	31	6	57	38	133	52,300
Tenon [2].	1er juin 1882.	827	131	36,120	41	6	66	51	161	60,200
Lourcine	Id.	213	39	9,870	14	4	3	16	37	22,100
Cochin	déc. 1883.	386	87	25,100	25	8	17	18	98	36,100
Enfants assistés .	1886.	685	114	40,200	35	10	7	88	140	61,820
Incurables. . . .	1886.	2,117	175	49,230	31	12	68	60	171	61,040

1. A l'époque de la laïcisation, Laënnec (hôpital provisoire) ne comptait que trois services de médecine. Il comprend aujourd'hui quatre services de médecine et un service de chirurgie.

2. Deux nouveaux services de médecine ont été ouverts au 1er janvier 1884.

médicaments aux malades; elles accompagnent les chefs de service dans leurs visites; elles veillent au bon ordre et à la bonne tenue des salles. Mais les soins personnels les plus délicats et aussi les plus répugnants sont donnés par le personnel laïque des infirmiers et infirmières. La situation est actuellement caractérisée par les chiffres suivants : à l'Hôtel-Dieu, par exemple, sur 86 personnes attachées au service des salles, 14 seulement appartiennent au personnel congréganiste.

Dans ces conditions, peut-on douter qu'il y ait parmi le personnel laïque actuel les éléments d'un bon recrutement de surveillants et surveillantes? Ce recrutement est d'ailleurs facilité par les écoles d'infirmières, fondées par l'administration [1].

Établissements desservis par des religieuses.

DÉSIGNATION des ÉTABLISSEMENTS.	NOMBRE DE LITS.	NOMBRE DE : Sœurs.	Surveillants ou s.-surveill.	Surveillantes, s.-surveill., suppléantes.	Serviteurs.	Filles de service.	Total.	DÉPENSE EN 1884.	OBSERVATIONS.
								fr.	
Hôtel-Dieu. . .	559	21	4	»	61	45	1[illegible]1	41,400	Sœurs de St-Augustin.
Charité	516	18	6	2	47	33	106	32,500	Id.
Necker	418	19	5	1	34	21	80	21,000	— St-Vincent-de-Paul.
Baujon	432	20	5	1	34	30	94	23,200	— St-Augustin.
Lariboisière . .	706	27	6	2	56	41	1[illegible]5	41,100	Id.
Saint-Louis . .	853	25	10	2	82	47	16[illegible]	55,[illegible]00	Id.
Enfants malades	566	26	4	1	11	80	122	41,800	— St-Thomas-de-Villeneuve.
Forges.	221	10	»	»	1	18	29	8,900	Id.
Trousseau . . .	441	20	6	2	11	57	96	30,800	— St-Vincent-de-Paul.
Berck	710	76	2	1	»	1	80	15,900	— franciscaines de Calais.
FONDATIONS:									
La Reconnaissance.	325	15	3	1	14	»	33	14,700	En vertu de titres de fondation, l'administrat. est tenue de maintenir des religieuses dans ces trois établissements.
Chardon-Lagache.	165	7	1	1	9	3	21	6,500	
La Roche-Guyon	118	7	1	»	»	4	12	3,600	

1. C'est sur l'initiative du conseil municipal que furent créées des écoles d'infirmières (délibération du 10 novembre 1877). La première école fut ouverte à la Salpêtrière le 1er avril 1878, avec 45 élèves. Le 20 mai de la même année, une seconde école fut ouverte à Bicêtre. A l'origine, le programme fut forcément très restreint, les élèves étant presque toutes illettrées; mais il prit des développements notables dans la suite. A côté de l'enseignement primaire, on ajoutait l'enseignement professionnel, puis des cours spéciaux furent organisés. L'administration, pendant ce temps, s'assurait le concours de professeurs des deux sexes, tant pour les cours que pour les exercices pratiques. Non seulement les élèves externes venaient en plus grand nombre à ces cours, mais des surveillantes et sous-surveillantes des deux hospices où ils avaient lieu, des personnes de l'extérieur se faisaient même inscrire aux cours professionnels. Le conseil municipal voulut récompenser les efforts faits par l'administration, et, dans sa séance du 6 août 1878, il vota une subvention de 4,000 fr. pour le fonctionnement des deux

La transformation ne saurait nuire aux soins donnés aux malades. Ceux-ci ne peuvent qu'y gagner, au contraire, car il est de règle que dans les hôpitaux desservis par les sœurs, la veille est abandonnée à de simples infirmiers ou infirmières. La surveillance n'est exercée que par des rondes faites par les sœurs déjà chargées du service de jour. Les constitutions de religieuses, en effet, ne permettent pas le fonctionnement régulier du service de veille.

Au contraire, dans les hôpitaux desservis par les laïques, des surveillantes ou sous-surveillantes sont chargées du service de veille.

écoles et pour faire une distribution de prix. Enfin, grâce au développement de l'enseignement, on put créer une école de perfectionnement à l'hôpital de la Pitié, où furent admises, en outre des infirmières de l'établissement, les meilleures élèves de Bicêtre et de la Salpêtrière dont on fit des suppléantes et des sous-surveillantes. C'est cette école qui fournit la plus grande partie du personnel destiné aux hôpitaux laïcisés. Aussi la ville et le département ont-ils fait des sacrifices pour augmenter son importance et lui donner des professeurs distingués. Citons Mme Nicole, qui a obtenu le prix Montyon pour son dévouement et les soins intelligents qu'elle donne aux malades de la Salpêtrière ; MM. Blondeau, Ch. Féré, Duret, P. Regnard, Le Bas C'est le docteur Bourneville, médecin de Bicêtre, qui dirige l'ensemble des écoles.

Voici d'ailleurs le programme d'études de ces écoles : *Enseignement primaire :* lecture, écriture, orthographe, notions d'arithmétique et géographie. — *Enseignement professionnel :* administration et comptabilité hospitalière, anatomie, physiologie, pansements, hygiène, soins à donner aux femmes en couches et aux nouveau-nés, petite pharmacie, exercices pratiques.

Les chiffres suivants donneront l'indication du développement des trois écoles et des résultats obtenus :

NOMBRE DES ÉLÈVES QUI ONT SUIVI LES COURS.

	Bicêtre.	Salpêtrière.	Pitié.
1879-1880	115	70	»
1880-1881.	138	226	134
1881-1882.	92	175	128
1882-1883.	113	110	109
1883-1884.	121	167	126
1884-1885.	99	156	105
	678	931	602
Total. . . .	2,214 inscrits.		

NOMBRE DE DIPLÔMES DÉCERNÉS.

	Bicêtre.	Salpêtrière.	Pitié.	Totaux.
1883	8	12	6	26
1884	6	7	6	19
1885	8	30	13	69
Totaux	22	49	25	114

Ainsi donc, l'intérêt matériel des malades est plutôt favorisé par la réforme de la laïcisation qui donnera au personnel subalterne une émulation nécessaire qui lui manquait jusque-là.

D'autre part, en ce qui concerne la bonne administration, cette réforme est certainement avantageuse. L'augmentation de dépense résultant de la transformation du personnel est assez faible, et elle est largement compensée par les économies qui pourront résulter d'une plus exacte discipline, d'une plus grande autorité des directeurs des hôpitaux. Le personnel congréganiste est fourni par les congrégations, en vertu de traités passés entre l'administration et ces congrégations. De là naît pour ce personnel une situation absolument indépendante de l'autorité de l'administration. Ce n'est pas au directeur de l'hôpital que les sœurs se croient tenues d'obéir, mais à leurs supérieures. Il en résulte des conflits regrettables pour la bonne discipline des établissements hospitaliers.

La transformation du personnel congréganiste en personnel laïque n'est d'ailleurs que la suite logique de la suppression des aumôniers des établissements hospitaliers. Une même idée a inspiré ces deux mesures : protéger la liberté de conscience des malades. Il est certain que, malgré tout leur dévouement, les sœurs, pas plus que les aumôniers, ne peuvent s'abstenir de leur foi religieuse et doivent être inconsciemment entraînées à faire du prosélytisme. Cela est même une conséquence rigoureuse de leur croyance.

C'est donc afin de supprimer des abus regrettables, de faire cesser des pressions contraires à la liberté de conscience que l'administration, d'accord à cet égard avec le conseil municipal, n'a cessé de poursuivre, depuis 1878, la laïcisation des hôpitaux.

En outre, le conseil municipal et l'administration ont pensé qu'il était du devoir de la société de prendre la charge des soins à donner aux malades et de ne pas rester à ce point de vue dans la dépendance des congrégations. Ces diverses considérations ont amené l'administration à opérer cette réforme malgré les réclamations d'une partie des médecins des hôpitaux.

En se dégageant de toute passion, en se plaçant simplement au point de vue hospitalier, on ne peut nier qu'accomplie avec sagesse, au fur et à mesure de la préparation du personnel nécessaire, cette transformation ne soit profitable aux intérêts de la population hospitalisée.

Après ce qui a été dit plus haut, d'une part, sur les principales différences entre les hôpitaux et les hospices, notamment les conditions d'admission, d'autre part sur l'organisation des établissements hospitaliers, il ne reste que peu de choses à ajouter en ce qui concerne spécialement les hospices.

La commission d'admission aux hospices des incurables et de la vieillesse est composée ainsi qu'il suit :

1° Un membre du conseil de surveillance de l'assistance publique, président ;

2° Un maire ou adjoint et quatre administrateurs des bureaux de bienfaisance ;

3° Le chef de la division des hôpitaux et hospices et deux des inspecteurs de l'administration.

Le membre du conseil de surveillance et les maires ou administrateurs sont nommés par le préfet de la Seine, le premier pour six mois, les autres pour trois mois à raison d'un seul par trimestre. Les autres membres sont nommés par le directeur de l'assistance publique.

Les constatations d'âge, de domicile, d'indigence, font l'objet d'enquêtes, à la suite desquelles la commission prononce l'aptitude à l'admission : des admissions d'urgence peuvent être autorisées en faveur des octogénaires, des aveugles, des cancérés et des épileptiques. Les candidats sont classés : le directeur de l'assistance publique nomme les titulaires d'après leur ordre de classement, pour la moitié des places vacantes ; pour l'autre moitié, d'ailleurs, il ne peut choisir que des indigents compris dans les listes. Il en est de même pour les places qui, ainsi que nous l'avons vu, sont à la disposition du ministre, du préfet de la Seine et du préfet de police (Règlement du 27 août 1860).

SECOURS A DOMICILE.

Historique. — La distribution des secours à domicile organisée officiellement est une forme de charité publique infiniment plus récente que le secours donné aux pauvres dans les hôpitaux et dans les hospices. Sans doute, à une époque très reculée, des distributions en nature étaient faites, à certains jours, aux portes des couvents et des établissements hospitaliers, mais ces vivres, distribués au hasard, sans contrôle, devaient plutôt servir à nourrir une population indigente par profession, qu'à apporter un secours sérieux à la population laborieuse et souffrante.

Il y avait aussi des bureaux de charité, mais leur action était peu efficace. L'organisation des secours à domicile était nécessaire pour soulager avec plus d'utilité la misère des classes laborieuses.

Cependant, durant de longues années, la charité privée répugna à appliquer ses sacrifices généreux à cette branche des secours publics.

Cette habitude invétérée de la charité privée obligea le législateur à se préoccuper d'amener des ressources régulières aux institutions de secours à domicile, c'est-à-dire aux bureaux de bienfaisance.

C'est ainsi que la loi du 7 frimaire an V, dans son article 1er, en imposant un prélèvement d'un « denier par franc sur les billets de spectacle », assura « aux indigents qui n'étaient pas dans les hospices » les premiers secours.

Cette loi, sans prévoir d'ailleurs leur immense développement, organisa pour la première fois d'une manière régulière les bureaux de bienfaisance en France. Elle est toujours restée en vigueur dans ses principales dispositions.

Telle est l'origine du service des secours à domicile. Dès le début, par la nature même de son fonctionnement, le bureau de bienfaisance jouit d'une certaine autonomie. Il reçoit les dons des particuliers, et dans les communes où il existe plusieurs bureaux, ces bureaux ne sont pas rattachés à l'administration hospitalière, mais à la municipalité, représentée par le bureau central[1].

Cette autonomie absolue des bureaux de bienfaisance dura peu d'ailleurs, et dès l'an IX, un arrêté des consuls du 29 germinal rattacha l'administration des secours à domicile de la ville de Paris au conseil général des hospices.

Les bureaux de bienfaisance furent dès lors considérés comme des

1. Par application de l'article 181 de la Constitution du 5 fructidor an III, relatif aux objets indivisibles. Cet article est ainsi conçu :

« Il y a dans les communes divisées en plusieurs municipalités, un bureau central pour les objets jugés indivisibles par le Corps législatif. Ce bureau est composé de trois membres nommés par l'administration de département et confirmés par le pouvoir exécutif. »

succursales et des dépendances de l'administration hospitalière de Paris.

Leur développement est assez rapide, et le règlement du 8 prairial an IX institue un bureau de bienfaisance par justice de paix. Le juge de paix en fait partie de droit ; la présidence du bureau est élective et renouvelable tous les trois mois.

Une organisation spéciale, et qui ne dura pas, rattacha ces bureaux de bienfaisance à des comités d'arrondissement, composés de deux membres délégués par chacun des bureaux de bienfaisance et présidés par le maire.

Ces comités d'arrondissement sont eux-mêmes rattachés au conseil général des hospices qui a pour fonction de répartir les fonds de supplément provenant des ressources de l'octroi de bienfaisance, et d'exercer une surveillance générale sur le service des secours à domicile, au moyen d'une agence exécutive, composée de trois membres nommés par le ministre de l'intérieur.

Le conseil général des hospices doit rendre compte au ministre de l'intérieur des mesures prises pour assurer la perception des droits sur les spectacles et la parfaite exécution des règlements concernant les maisons de secours dirigées par les filles de charité sous la surveillance immédiate des bureaux de bienfaisance et des comités d'arrondissement. Il a également la haute direction du service des soins médicaux donnés à domicile.

On peut remarquer, dans cette organisation, un triple rouage : 1° le conseil général des hospices ; 2° le comité d'arrondissement ; 3° les bureaux de bienfaisance.

L'expérience démontra vite l'inutilité d'un de ces rouages constitués chacun sous une forme trop autonome, avec une indépendance relative trop grande.

Aussi, dès le 8 vendémiaire an X, un arrêté supplémentaire vint corriger cette organisation en fusionnant, en quelque sorte, les bureaux de bienfaisance dans le comité central d'arrondissement. C'est le comité d'arrondissement qui devient désormais le véritable bureau de bienfaisance, aidé dans son fonctionnement par des bureaux auxiliaires, au nombre de 48, qui ne forment que des sections essentiellement dépendantes des comités d'arrondissement (art. 4).

La réglementation de détail de cette organisation ne se fit qu'en 1813, après que l'institution eut pris un certain développement, grâce aux ressources du droit des pauvres, de l'octroi de bienfaisance, des concessions dans les cimetières, des quêtes dans les églises et autres lieux publics, etc.[1].

---

1. *Loi du 7 frimaire an V*. Art. 1er. — Il sera perçu un décime par franc, en sus du prix de chaque billet d'entrée, dans tous les spectacles, etc... (V. plus haut.)

Art. 2. — Le produit de la recette sera employé à secourir les indigents qui ne sont pas dans les hospices.

Art. 8. — Chaque bureau recevra de plus les dons qui lui seront offerts .....

Décret du 9 novembre 1809 sur le même objet. — Loi du 6e jour complémentaire de l'an VII qui proroge le droit sur les billets des spectacles.

Loi du 27 vendémiaire an VII. Art. 1er. — Il sera perçu, par la commune de Paris, un octroi municipal et de bienfaisance...... spécialement destiné à l'acquit de ses dépenses locales et de préférence à celles de ses hospices et des secours à domicile.

Arrêté ministériel du 5 prairial an XI. Art. 1er. — Les administrateurs des hospices et des bureaux de bienfaisance organisés dans chaque arrondissement sont autorisés à faire quêter dans tous les temples consacrés à l'exercice des cérémonies religieuses, et à confier la quête soit aux filles de charité vouées au service des pauvres et des malades, soit à telles autres dames qu'ils le jugeront convenable.

Art. 2. — Ils sont pareillement autorisés à faire poser dans tous les temples, ainsi que dans les édifices affectés à la tenue des séances des corps civils, militaires et judiciaires, dans tous les établissements d'humanité, auprès des caisses publiques, et dans tous les autres lieux où l'on peut être excité à faire la charité, des troncs destinés à recevoir les aumônes et les dons que la bienfaisance individuelle voudrait y déposer.

Art. 3. — Tous les mois, les bureaux de charité feront aussi procéder, dans leurs arrondissements respectifs, à des collectes.

Décret du 30 décembre 1809. Art. 75. — Tout ce qui concerne les quêtes dans les églises sera réglé par l'évêque, sans préjudice des quêtes pour les pauvres, lesquelles devront toujours avoir lieu dans les églises toutes les fois que les bureaux de bienfaisance le jugeront convenable.

Décret du 23 prairial an XII. Art. 11. — Les concessions ne seront néanmoins accordées qu'à ceux qui offriront de faire des fondations ou donations en faveur des pauvres et des hôpitaux, indépendamment d'une somme qui sera donnée à la commune, et lorsque ces fondations et donations auront été autorisées par le Gouvernement dans les formes accoutumées, sur l'avis des conseils municipaux et la proposition des préfets.

— Aux termes d'un arrêté réglementaire du 8 décembre 1829, approuvé par ordonnance royale du 5 mai 1830, le cinquième du prix des concessions est attribué à l'administration de l'assistance publique.

Ordonnance royale du 6 décembre 1843 *relative aux cimetières*. — Art. 3, § 2. — Aucune concession ne peut avoir lieu qu'au moyen du versement d'un capital dont deux tiers au profit de la commune et un tiers au profit des pauvres ou des établissements de bienfaisance.

Art. 8. — Les dispositions du présent règlement ne sont pas applicables aux cimetières de la ville de Paris.

— Le tarif actuel des concessions perpétuelles est réglé suivant une délibération du conseil municipal de Paris du 28 décembre 1885, approuvée, qui attribue le cinquième aux hospices.

Deux arrêtés du ministre de l'intérieur, en date du 12 août et du 28 octobre 1813, organisent dans le détail le fonctionnement des bureaux de bienfaisance à Paris.

La composition des douze bureaux de bienfaisance répondant aux arrondissements nouveaux de Paris y est réglée de la manière suivante :

1° Membres de droit : le maire président, les adjoints, les ministres des cultes ;

2° Membres amovibles : douze administrateurs nommés par le ministre, sur l'avis du préfet, et sur la présentation du conseil des hospices ;

3° Un nombre indéterminé de commissaires visiteurs des pauvres et de dames de charité nommés par les bureaux, et n'ayant que voix consultative.

Le bureau de bienfaisance est secondé par un agent salarié : le secrétaire-trésorier. C'est de cette époque que date la comptabilité spéciale à chaque bureau, tenue par un agent de l'administration, responsable sur son cautionnement.

Chacun des membres du bureau a spécialement la surveillance de l'un des douze quartiers [1] de l'arrondissement.

Chacun de ces douze administrateurs est secondé dans ses fonctions par des commissaires et des dames de charité.

Ces divers membres du bureau ont pour mission, dans chaque circonscription, « de recevoir et faire parvenir au bureau de bienfaisance « de l'arrondissement les demandes des pauvres, de prendre, donner « des renseignements sur ceux qui demanderont des secours, de visiter « au moins tous les trois mois les pauvres qui sont assistés » et de surveiller l'emploi des secours.

Les secours doivent surtout consister en dons en nature et en protection pour la recherche du travail.

Les articles 22 à 27 de l'arrêté du 28 octobre 1813 déterminent la classification des pauvres en indigents secourus temporairement et en indigents secourus annuellement [2].

---

1. Division toute spéciale au bureau de bienfaisance.

2. *Arrêté du 28 octobre 1813.* — § 4. *Classification des pauvres.*

Art. 21. — Il sera tenu dans chaque bureau *un livre des pauvres* et un sommier par bulletin où l'on inscrira tous les indigents qui seront assistés.

Il sera divisé en deux parties : la première pour les indigents secourus *temporairement ;*

Chaque bureau de bienfaisance possède dans son arrondissement des maisons de secours, des dépôts de médicaments, des magasins d'objets à distribuer confiés à des sœurs de charité.

Ces dépôts de médicaments pouvaient donner lieu à une contestation au point de vue légal ; l'article 25, titre IV, de la loi de germinal an IX porte, en effet, que « nul ne pourra préparer, vendre, débiter aucun médicament s'il n'a été reçu pharmacien », mais ces dépôts de médicaments ne délivrent jamais que des remèdes simples, indiqués dans un formulaire spécial, et, d'autre part, ils étaient soumis à la direction et placés sous la responsabilité des pharmaciens des hôpitaux.

Le bureau de bienfaisance mettait alors à la disposition des indigents

---

La deuxième pour les indigents secourus *annuellement*.

Art. 22. — Parmi les indigents secourus temporairement, on comprendra :

Les blessés ;

Les malades ;

Les femmes en couches et nourrices;

Les enfants abandonnés ;

Les orphelins ;

Ceux qui se trouveront dans des cas extraordinaires et imprévus.

Art. 23. — Parmi les indigents secourus annuellement, on comprendra :

Les aveugles ;

Les paralytiques ;

Les cancérés ;

Les infirmes ;

Les vieillards de 80 ans ;

Les vieillards de 65 à 80 ans ;

Les chefs de famille surchargés d'enfants en bas âge.

Les infirmités qui donneront droit aux secours annuels devront être constatées par les médecins attachés au bureau.

Art. 24. — Les individus secourus annuellement seront divisés en quatre classes :

La première comprendra principalement les aveugles et les octogénaires ;

La deuxième, les vieillards de 75 à 80 ans, les grands infirmes ;

La troisième, les vieillards et les infirmes au-dessous de 75 ans ;

La quatrième, les familles surchargées d'enfants en bas âge.

Art. 25. — Le nombre des individus qui composeront chacune de ces quatre classes sera fixé chaque année en conseil général des hospices, sur la proposition des bureaux.

Art. 26. — Les bureaux ne pourront pas admettre, sur la liste des pauvres à secourir annuellement, un plus grand nombre d'indigents que celui qui sera fixé pour chaque classe.

Ils feront, au contraire, en sorte de réserver quelques places vacantes pour les indigents qui pourraient survenir.

Art. 27. — Un double de la liste des pauvres par bulletins sera transmis par les bureaux à la quatrième division de l'administration des hospices, chargée des secours à domicile, et il lui sera donné connaissance des mutations au fur et à mesure qu'elles auront lieu.

un jurisconsulte chargé de leur donner des consultations gratuites et de les diriger dans leurs affaires[1].

Bien que l'ordonnance du 2 juillet 1816 et l'arrêté ministériel du 19 juillet 1816 affichent la prétention de créer et d'organiser les bureaux de bienfaisance à Paris, ces deux documents ne font que reproduire, sans y rien ajouter, la législation antérieure.

L'arrêté du 24 septembre 1831 apporte quelques modifications aux arrêtés antérieurs sans changer l'organisation générale.

Ces modifications, nous les retrouverons avec leur développement naturel dans l'arrêté de 1860, qui vient lui-même d'être remplacé par le décret du 12 août 1886, intervenu conformément aux prescriptions de la loi du 10 janvier 1849 (art. 8) ; cet arrêté de 1860 est d'ailleurs en grande partie reproduit dans le décret du 12 août : nous aurons maintes fois occasion d'en parler en étudiant le règlement nouveau.

ORGANISATION ACTUELLE DU SERVICE DES SECOURS A DOMICILE A PARIS.

Cette matière du service des secours à domicile se divise naturellement en trois questions principales : quelles sont les personnes chargées de secourir ? quelles sont les personnes secourues ? quels sont les voies et moyens employés ?

1° Personnes chargées de secourir.

A. — Généralités.

Dans chaque arrondissement, une réunion de personnes charitables, sous la présidence du maire, constitue le bureau de bienfaisance.

Malgré la centralisation des services hospitaliers, qui a été la carac-

1. Un arrêté du 9 frimaire an IX ordonnait aux chambres des avoués de former un bureau de conciliation gratuite pour les indigents.

Le décret du 14 octobre 1810, qui réorganise le barreau, prescrit au conseil de discipline de pourvoir à la défense des indigents par l'établissement d'un bureau de consultation gratuite. « Les causes que ce bureau trouvera justes seront par lui envoyées au conseil de discipline qui les distribuera aux avocats, à tour de rôle. » Enfin, la loi du 22 janvier 1851 sur l'assistance judiciaire a mis en exécution pour toute la France des dispositions qui existaient déjà soit en droit, soit en fait.

téristique de la loi de 1849, il a été nécessaire de maintenir une certaine autonomie des bureaux de bienfaisance.

Il est de principe, en effet, pour le service des secours à domicile, que la personne chargée de secourir soit le plus près possible de la population à secourir. Le maire était donc tout désigné pour présider une réunion d'hommes dévoués aux intérêts des pauvres et connaissant de longue date les besoins locaux.

Le bureau de bienfaisance à Paris peut être considéré, en quelque sorte, comme le délégué de l'Assistance publique, et il est, à un certain point de vue, comparable aux bureaux de bienfaisance des autres communes : comme eux il a son budget, il a le droit de donner et recevoir, et comme eux il est présidé par le maire. Cependant, le bureau lui-même n'est qu'une circonscription administrative du service général des secours à domicile à Paris.

C'est ce double caractère qu'il faut nettement envisager et qui constitue l'originalité de l'organisation parisienne.

Ce double caractère d'être à la fois autonome et dépendant d'un service centralisé provient de la nécessité de répondre à deux besoins également impérieux de l'administration hospitalière à Paris.

L'idéal, au point de vue charitable, serait de réunir dans une seule bourse toutes les ressources, de quelque provenance qu'elles fussent, et de les répartir équitablement entre tous les pauvres, sans avoir égard à leur domicile.

Dans ce but, on a fait dépendre d'une direction unique et, dans une certaine mesure, d'un budget unique, les ressources de chacun des vingt bureaux de bienfaisance de Paris.

Mais il a fallu tenir compte aussi des habitudes de la charité privée qui secourt plus volontiers les misères les plus proches. Sous peine de diminuer l'importance des dons des particuliers, il a fallu donner une personnalité à chacun des bureaux de bienfaisance.

C'est ainsi que l'on est arrivé à créer une véritable anomalie administrative : un bureau de bienfaisance, ayant une personnalité civile suffisante pour donner et pour recevoir [1], mais confondue dans une

1. La question s'est élevée de savoir si les bureaux de bienfaisance de Paris avaient une personnalité civile quelconque, ou si, comme tous les autres bureaux de bienfaisance, leur personnalité était complète et indépendante de celle de l'Assistance publique. Cette question a des conséquences pratiques considérables, notamment en ce qui concerne l'acceptation, l'attribution et la disposition des

institution plus considérable, plus puissante et jouissant d'une personnalité complète.

Cette création, bien qu'assez compliquée, est excellente[1].

legs faits aux pauvres de tel ou tel arrondissement de Paris. Si, en effet, on leur accorde la même personnalité qu'aux autres bureaux de bienfaisance, ce sont eux qui seront dépositaires des titres actuellement versés à l'Assistance publique et qui devront gérer comme propriétaires les biens meubles ou immeubles légués à leurs pauvres. Dans le cas contraire, ils ne doivent être que de simples agences de distribution des secours, et n'avoir pas même le droit de recevoir des dons manuels. Dans cette thèse, ces dons sont faits par fiction à l'Assistance publique, et le bureau n'interviendrait que pour les distributions des secours.

La loi du 7 frimaire an V, en créant les bureaux de bienfaisance, leur donna la distribution des secours, faite depuis la Révolution, c'est-à-dire depuis la mainmise de l'État sur les biens de mainmorte, par les municipalités. Mais à Paris, cette loi ne reçut pas d'exécution immédiate, et les effets des lois révolutionnaires, qui substituaient l'État aux bureaux de charité, subsistaient pour Paris, sans modifications dans la nature essentielle des comités de bienfaisance. La réunion des hôpitaux et des bureaux de charité, opérée en exécution de l'arrêté du 29 germinal an IX, ne modifiait nullement cette situation; en effet, l'article 7 de cet arrêté disait : « Les fonds destinés à la bienfaisance publique sont versés dans la caisse générale des hôpitaux, sauf à tenir pour chaque destination une comptabilité unique et séparée. »

Ainsi donc, l'ancien bureau des pauvres et l'administration hospitalière, composée elle-même de l'ancien Hôtel-Dieu et de l'ancien Hôpital général, furent réunis en un établissement unique, ayant à sa tête un conseil, et comme agents d'exécution les hôpitaux, hospices, bureaux de charité, etc.

La loi de 1819 ne modifia pas cet état de choses : la seule modification faite depuis l'an IX jusqu'à 1819 portait sur le droit, pour les bureaux de bienfaisance, de faire des quêtes, collectes, de recevoir des dons directement, mais sans pouvoir leur conférer implicitement une personnalité civile, au sens complet du mot. — Rien, dans la discussion de la loi de 1819, n'autorise à penser que cette personnalité ait été établie ; et certes ce n'est pas le règlement de 1886, pris en exécution de cette loi, qui aurait pu le faire. (*Contrà*, voir Revarin, *Sur l'Assistance communale*, p. 371.)

En fait, les bureaux de bienfaisance ne sont pas organisés à Paris pour gérer des biens ainsi que peut le faire une administration comme l'Assistance publique, qui a déjà la gestion des hospices, qui possède un comité consultatif, des architectes, des officiers ministériels, etc... et peut administrer, en surcroît et presque sans frais nouveaux, les biens des pauvres. Enfin, devrait-on donc, dans ce système, attribuer aux bureaux la gestion des biens spécialement donnés aux pauvres de leur arrondissement et attribuer à l'Assistance publique la gestion des biens appartenant en commun aux pauvres des 20 arrondissements ? Aucune loi n'a établi une telle distinction ni attribué aux bureaux la gestion des biens donnés à eux spécialement, à l'exception des biens indivis. D'ailleurs, la gestion de biens indivis faite par vingt personnes morales serait à peu près impossible.

Ainsi donc, il paraît juste de dire que les bureaux de bienfaisance de Paris n'ont pas de personnalité civile complète, mais que le droit de faire des collectes et des quêtes, de dresser l'état des biens dont les revenus leur sont affectés et d'établir des budgets, leur constitue une sorte de vie propre qu'on peut appeler une personnalité incomplète. Cette personnalité incomplète se retrouve, dans notre droit, assez souvent, variant avec le rôle qui est assigné aux institutions.

1. *Rapport de M. Finaux au conseil municipal sur le projet d'organisation à domicile à Paris.* — Le conseil municipal, en conformité de ce rapport, s'est pro-

Elle laisse aux bureaux de bienfaisance une initiative suffisante pour intéresser les personnes charitables de chaque arrondissement au succès d'une œuvre qui leur devient propre ; et, en même temps, elle leur donne dans l'administration de l'assistance publique un appui indispensable en présence des difficultés de toute nature qui résultent de l'inégalité des ressources comparées aux besoins des divers arrondissements de Paris.

Le bureau de bienfaisance se réunit au moins deux fois par mois, sur la convocation du maire, président (art. 14 du règlement de 1886).

L'article 28 du règlement de 1860 prescrivait, conformément à l'esprit des dispositions de l'article 7, § 1er, de l'arrêté ministériel du 24 septembre 1831, « qu'un délégué du directeur de l'Assistance publique pourra, lorsque ce fonctionnaire le jugera convenable, assister aux séances des bureaux. Ce délégué devra être entendu quand il en fera la demande. »

---

noncé pour la création d'un bureau central, avec unité de caisse, l'existence des bureaux d'arrondissement étant d'ailleurs reconnue indispensable, à titre d'organes intermédiaires, pour assurer le fonctionnement local du service et la distribution des secours. — Ce rapport fait remarquer que les classes riches étant agglomérées dans quatre ou cinq arrondissements centraux, il y a abondance d'aumônes, et que cependant les indigents sont en très petit nombre. D'autre part, l'arrondissement de Paris n'est qu'une simple division artificielle, faite pour les simples commodités des citoyens et ne pouvant vivre de sa vie propre. Il n'y a donc pas de raison pour prendre cette division comme base d'un bureau de bienfaisance à peu près autonome.

Le bureau central aurait pour principal objet de faire la répartition de tous les secours collectés à la caisse centrale entre les vingt succursales.

Déjà, d'après l'état de choses établi depuis longtemps, une réunion des maires de Paris détermine le quantum de la répartition de la subvention extraordinaire donnée annuellement par la ville de Paris, en dehors des ressources propres à chaque bureau ; il n'y a donc pas tant, dans le système du conseil, une innovation à proprement parler, que le développement d'un rouage créé par la force des choses.

Dans ce système, le bureau central serait composé à l'instar des bureaux actuels d'arrondissement, moins les membres dont les attributions visent plus particulièrement la visite à domicile : commissaires et dames de bienfaisance. Tous les bureaux d'arrondissement devraient être représentés dans le bureau central par un délégué.

Les bureaux succursales seraient formés sur une liste dressée par les conseillers municipaux de l'arrondissement, le maire et une délégation du bureau de bienfaisance lui-même, et comprendraient, en outre, des membres représentant, les uns, l'administration, les autres, le suffrage universel. — Chaque bureau succursale se composerait, en conséquence, de la municipalité élue et non élue de l'arrondissement, conseillers municipaux, maire et adjoints, de douze administrateurs, de commissaires et dames de bienfaisance choisis comme dans le règlement du 10 août 1886. Leurs fonctions, dans ce projet, diffèrent peu de celles indiquées au règlement.

Cette disposition, qui était peu appliquée dans la pratique, parce que je maire remplissait en fait les fonctions de délégué, n'a pas été reproduite dans le nouveau règlement.

Les personnes attachées à un bureau de bienfaisance se groupent en trois catégories distinctes :

1° Les membres proprement dits du bureau de bienfaisance, dont les fonctions sont gratuites ;

2° Le personnel administratif ;

3° Le personnel médical et généralement le personnel chargé de donner des soins aux indigents malades.

Le véritable directeur des bureaux de bienfaisance est le directeur de l'Assistance, qui est représenté dans le bureau à la fois par le maire, président du bureau, et par le secrétaire-trésorier, agent d'exécution.

Ajoutons que les rapports du bureau et de l'administration générale de l'Assistance publique sont encore assurés, dans le nouveau règlement, par un délégué désigné par la commission administrative dans son sein, près cette administration (art. 7).

Il faut remarquer que le maire, à Paris, a certains pouvoirs extraordinaires qu'il n'a pas dans les autres communes : il peut distribuer, e ncas d'urgence et après enquête, des secours exceptionnels[1]. Mais il n'agit pas alors comme président du bureau de bienfaisance.

1. L'Assistance publique est le seul représentant légal des pauvres et les bureaux de bienfaisance de Paris sont ses seuls délégués pour le soulagement de la généralité des pauvres de chaque arrondissement. Mais, en dehors même de cette institution, la municipalité et l'administration peuvent reconnaître d'autres organes de bienfaisance privée ou publique. C'est ainsi que dans les budgets municipaux figurent des sommes importantes à des œuvres de charité privée. Les maires des arrondissements même, bien qu'étant présidents des bureaux de bienfaisance, peuvent, en dehors de ces bureaux et pour des objets ne concernant pas la généralité des pauvres de leur circonscription, recevoir et donner des offrandes pour des cas spéciaux ou pour des malheurs exceptionnels. Ils puisent ce pouvoir dans la loi des 16-24 août 1790, tit. XI, § 5 de l'article 3 : « Les objets de police confiés à la vigilance et à l'autorité des corps municipaux sont : ... 5° le soin... de faire cesser, par la distribution des secours nécessaires, les accidents et fléaux calamiteux, tels que les incendies, les épidémies... »

Il importe de citer à l'appui le jugement rendu, le 22 avril 1885, par le tribunal civil de la Seine, en faveur du maire du XIe arrondissement qui avait organisé une souscription au profit des victimes d'un incendie dans la cité Joly, et qui avait reçu du conseil municipal, à cet effet, une somme de 3,500 fr.

« Attendu que les sommes obtenues par voie de souscription volontaire sont devenues deniers communaux, que cette nature ne saurait leur être contestée après le versement des fonds provenant du conseil municipal et la confusion qui s'en est suivie ;... attendu que l'œuvre à laquelle s'est livré Rorachd a un carac-

En cette dernière qualité, il convoque le bureau au moins deux fois par mois, surveille les services administratifs (art. 13).

Le maire est remplacé de droit dans la présidence par son adjoint; à leur défaut, c'est le vice-président, élu par le bureau, qui dirige les travaux.

Outre le vice-président et le délégué dont nous avons parlé, le bureau élit chaque année un administrateur-secrétaire et un ordonnateur; il nomme, selon les besoins, un certain nombre de dames de charité et de commissaires de bienfaisance.

Le vice-président, l'administrateur-secrétaire, l'ordonnateur et le délégué près l'Assistance publique, seront choisis parmi les administrateurs qui forment l'élément principal du bureau.

Le nombre des administrateurs est fixé par arrêté du préfet de la Seine. Il était de douze; il peut maintenant être porté jusqu'à dix-huit.

Les administrateurs sont nommés par le préfet de la Seine.

Ils étaient jusqu'à présent nommés pour deux ans et renouvelables par moitié dans chacune des catégories suivantes.

Ils étaient choisis:

4 parmi 8 candidats présentés par le directeur de l'Assistance publique;

4 parmi 8 candidats présentés par le maire, les adjoints et par les conseillers municipaux de l'arrondissement;

4 parmi 8 candidats présentés par le bureau de bienfaisance.

Ce mode de nomination ne datait que de 1870. Avant l'arrêté du 9 juillet de cette année qui l'avait institué, et sous l'empire du règlement de 1860, les administrateurs étaient choisis tout d'abord par le ministre de l'intérieur, et depuis le décret de décentralisation, par le préfet de la Seine, dans la proportion d'un administrateur sur quatre candidats présentés, savoir deux par le directeur de l'Assistance publique, et deux par le bureau de bienfaisance. L'arrêté du 9 juillet 1870 faisait cesser un système de présentation qui mettait en rivalité, auprès du préfet, le directeur de l'Assistance publique et le bureau de bienfaisance.

De plus, il faisait intervenir le conseil municipal dans la nomina-

---

tère essentiellement municipal et le rend justiciable des tribunaux administratifs..., le tribunal se déclare incompétent. »

L'administration, dans son déclinatoire, s'était aussi appuyée sur la loi du 7 frimaire an V, qui déclare que le service de la bienfaisance fait partie des services publics.

tion des membres ; il est intéressant de le rapprocher de la loi du 5 août 1879, qui, juste à la même époque, faisait élire par les conseils municipaux deux des six membres des commissions administratives des hôpitaux et hospices et des bureaux de bienfaisance. Le préfet Hérold, devançant de quelques jours la loi générale, en appliquait les dispositions à la ville de Paris.

Le règlement nouveau modifie ce mode de nomination. Le Conseil d'État a écarté plusieurs propositions, et notamment l'idée de faire désigner les administrateurs par le suffrage universel, « ces assemblées devant être avant tout, et dans l'intérêt même des indigents, éloignées des luttes électorales et des démarches qu'impose toute candidature pour ces fonctions ingrates et toutes d'humanité[1] ». Les candidats sont présentés au choix du préfet par le directeur de l'Assistance publique, sur une liste triple de candidats présentés par les maires[2].

Le règlement du 12 août 1886 comble aussi une lacune de la législation précédente, en conférant au ministre une mesure aussi grave que la révocation. Il s'inspire, sur ce point, de la loi du 5 août 1879 qui, dans son article 5, déclare que les commissions des hospices pourront être dissoutes et leurs membres révoqués par le ministre de l'intérieur.

Chaque administrateur, outre les attributions qu'il possède comme membre de l'assemblée du bureau de bienfaisance, exerce, en quelque sorte, les fonctions de délégué de ce bureau dans une circonscription déterminée.

Il est le chef du service des secours à domicile dans cette circonscription, assisté par les commissaires et par les dames de charité.

Ces commissaires et ces dames de charité sont nommés par le bureau, à la majorité des voix.

Ils ne peuvent être révoqués que par le préfet.

L'article 5 établit un roulement pour le renouvellement du bureau de bienfaisance. A cet effet, les administrateurs sont répartis en quatre séries, par voie de tirage au sort. Chaque année, il est procédé au renouvellement des administrateurs d'une série. Ils sont donc en fonctions pendant quatre ans et peuvent être renommés.

---

1. Rapport de M. Lyon.

2. C'est le conseil de surveillance de l'Assistance publique qui, dans son avis sur le projet du règlement actuel, proposait de présenter seulement trois candidats pour une nomination au lieu de quatre. Cet avis a été suivi.

D'après le règlement de 1860, le bureau déléguait à un secrétaire honoraire la surveillance de l'exécution de ses décisions, de la correspondance, ainsi que de toutes les fonctions de secrétaire-trésorier.

Dans le règlement actuel, ce fonctionnaire prend le titre d'administrateur-secrétaire, qui répond mieux à ses fonctions.

L'ordonnateur est chargé de la surveillance de la comptabilité; à ce titre, il vise le journal général et vérifie la situation de la caisse, comme délégué du directeur de l'Assistance publique, ordonnateur principal aux termes de la loi du 10 janvier 1849.

Telle est la composition du bureau de bienfaisance proprement dit et telles sont les fonctions de ses membres.

La gratuité de ces fonctions oblige l'administration à décharger les personnes charitables qui veulent bien les remplir de tout le travail administratif.

Ce travail est confié à un personnel salarié, nommé par le préfet de la Seine, sur la présentation du directeur de l'Assistance publique. (Art. 6 de l'arrêté, rendu en Conseil d'État, du 24 avril 1849.)

Ce personnel se compose essentiellement du secrétaire-trésorier, aidé dans ses fonctions d'un certain nombre d'employés.

Le secrétaire-trésorier a pour mission de rédiger les procès-verbaux et de tenir les registres, de préparer la correspondance, de diriger le travail des employés, de veiller à l'exécution des règlements intérieurs, ainsi qu'à l'ordre du service du bureau de bienfaisance, de surveiller l'exécution des travaux, la réception des marchandises, de garder la caisse et les magasins. Enfin, il est assujetti à toutes les obligations imposées aux comptables des deniers publics, et aux responsabilités qui incombent aux receveurs et économes des établissements hospitaliers (art. 18 et 19). Comme conséquence de cette dernière attribution, l'article 20 interdit aux membres de la commission administrative, aux commissaires et aux dames de bienfaisance tout maniement de deniers.

Quant aux séances mêmes du bureau de bienfaisance, indépendamment des réunions de quinzaine dont nous avons parlé plus haut, il y a chaque année une assemblée composée de tous les membres, y compris les commissaires, dames de bienfaisance, ainsi que les médecins et sages-femmes, dans laquelle il est rendu compte des travaux de l'année précédente, des recettes et des dépenses de l'exercice (art. 11).

Le nouveau règlement, pour ne plus prêter à confusion, appelle

« commission administrative » le groupe composé du maire, des adjoints et des administrateurs, qui se réunit par quinzaine.

B. — Maisons de secours.

Indépendamment des distributions de secours par les commissaires, les dames de charité et les administrateurs, le service des secours à domicile a organisé des institutions locales sous le nom de Maisons de secours. Ces maisons étaient obligatoirement desservies par des sœurs de charité. L'article 32 du règlement de 1860 indiquait que chaque bureau de bienfaisance était libre de traiter avec telle communauté religieuse qu'il lui paraîtrait convenable, pour assurer le service des Maisons de secours de l'arrondissement. L'arrêté des consuls du 29 germinal an IX, art. 6, confiait en effet aux filles de charité le dépôt de médicaments dans chaque arrondissement. Un modèle de traité était annexé à l'arrêté de 1860. Voici quelles étaient ses principales dispositions.

Le nombre des sœurs était fixé par le bureau de bienfaisance. Elles étaient désignées par la supérieure générale de la congrégation, mais elles étaient placées, « quant aux rapports temporels », sous l'autorité immédiate des bureaux de bienfaisance, qui pouvaient demander leur changement.

Ce changement pouvait avoir lieu également par la volonté de la supérieure générale de la congrégation.

Une restriction assez curieuse était insérée dans le modèle de traité : elle dispensait les sœurs de rendre les services de charité aux filles « de mauvaise vie qui seront atteintes du mal qui en procède ».

Elles n'étaient tenues d'ailleurs ni de visiter les malades la nuit, ni de les veiller.

On ne pouvait leur imposer aucune laïque comme aide dans leur service, mais elles pouvaient prendre à la charge du bureau une fille de service à leur choix.

Le bureau de bienfaisance remettait à la congrégation une somme de six cents francs pour chaque sœur, payable par mois.

D'autre part, les sœurs que l'âge ou les infirmités mettaient hors d'état de continuer leur service pouvaient être conservées dans la maison si elles avaient quinze années de services charitables ; cette dernière condition n'était pas exigée lorsque l'infirmité était le résultat d'un accident arrivé dans le service. L'Assistance publique versait pour ces sœurs une indemnité annuelle de 400 fr. C'est ce qu'on appelle la mise au repos.

Avant le règlement du 12 août 1886, les maisons de secours étaient régies par l'arrêté des consuls du 29 germinal an IX (art. 4, 5 et 6), obligeant les bureaux de bienfaisance à se servir des « filles de charité » pour l'assistance des pauvres et la distribution de secours en nature et en médicaments.

L'arrêté de 1860 maintenait cette obligation, laissant aux administrateurs, ainsi qu'il a été dit plus haut, le soin de choisir à quelle communauté il serait demandé des sœurs.

Le règlement nouveau ne fait pas mention d'un personnel spécial de sœurs de charité. Il est intéressant de citer à cet égard le rapport de la commission du ministère de l'intérieur, dont s'est sans doute inspiré le décret du 12 août.

« Cette mention ne pouvait être maintenue dans le règlement d'administration publique : elle s'applique à une question d'organisation de personnel relevant uniquement du règlement intérieur et échappant à la compétence de la commission. »

L'article 9 de ce règlement dit dans son paragraphe 2 :

« Le préfet de la Seine pourvoit, sur la présentation des commissions administratives, aux nominations du personnel affecté aux maisons de secours. » Il dépend donc des bureaux de bienfaisance de provoquer la substitution d'un personnel laïque au personnel congréganiste actuellement en fonctions. Mais, tant que ce personnel n'est pas changé et remplacé par un personnel laïque, les clauses du traité mentionnées plus haut subsistent, indépendamment du silence du règlement nouveau, car ces clauses font partie d'un contrat synallagmatique que les deux parties peuvent déchirer, mais qu'aucune des parties ne peut modifier sans le consentement de l'autre.

Ainsi donc, le décret du 12 août, mis en présence des divers projets, préféra ne pas trancher la question de la laïcisation des maisons de secours, et en laisser le soin, pour chaque arrondissement, au bureau de bienfaisance. La commission administrative présente au préfet de la Seine la nomination du personnel affecté aux maisons de secours ; à elle seule il appartient d'examiner si les besoins ou les habitudes de l'arrondissement, ou si les sentiments des donateurs habituels des maisons de secours comportent ou non la substitution d'un personnel laïque au personnel congréganiste[1].

Quant aux attributions des maisons de secours, elles ont été déjà indiquées plus haut, les sœurs, dont les fonctions ont été déjà énumérées, formant jusqu'à présent le personnel exclusif de ces établissements (art. 33 et 112 du règlement de 1860). Elles sont exclusivement affectées à la réception des indigents par les administrateurs, aux prêts d'objets et surtout de lingerie, ainsi qu'à des dépôts de pharmacie ; elles servent aussi de salles de consultations où les médecins doivent se rendre périodiquement. Les médecins font les opérations et les pansements, lorsque le personnel secondaire ne peut les faire lui-même. Depuis longtemps déjà, les sœurs ne faisaient plus de distributions de bons de secours et n'intervenaient plus pour l'inscription au rôle des indigents. Le nouveau règlement ne fait même plus mention d'une intervention quelconque du personnel secondaire à cet égard.

Chaque bureau de bienfaisance établit dans ses circonscriptions autant de maisons de secours que les besoins du service l'exigent, sans préjudice des autres établissements charitables qui peuvent être entretenus par lesdits bureaux.

L'article 59 du nouveau règlement a-t-il entendu, en définissant limitativement l'affectation des maisons de secours, que les orphelinats et autres œuvres établies dans les maisons de secours n'y pourront plus être annexés qu'à la condition de se suffire avec des ressources spéciales ? C'est ce que la pratique n'a pas encore décidé.

Voici quelques chiffres qui donnent l'idée de l'importance des maisons de secours et de leurs annexes à Paris :

34 appartiennent à l'Assistance publique,
6 à la Ville,
14 à des particuliers qui les louent à l'Assistance publique,
2 appartiennent à des filles de charité qui ne réclament aucun loyer.

56

Dans les locaux dépendant de 35 maisons de secours et inutiles au service proprement dit des indigents, les sœurs ont été autorisées par

1. Voir discussion au conseil municipal de Paris, séance du 11 février 1887.

l'administration à établir et à entretenir à leurs frais des orphelines, dont le nombre s'élève à 1,375. Il y a lieu de remarquer que cette autorisation s'appuyait sur l'arrêté des Consuls du 29 germinal an IX, obligeant les bureaux de bienfaisance à se servir des sœurs de charité. Les orphelinats ne reçoivent aucun subside de l'Assistance publique : ce sont les sœurs qui ont, avec les dons qu'elles reçoivent d'autre part, payé les frais d'installation et d'agrandissement. En dehors des crédits affectés annuellement au traitement, au blanchissage et au chauffage des sœurs, et qui montent à 112,000 fr. environ, elles ont des ressources qui proviennent de dons et legs et leur sont servies directement ; ces ressources forment pour toutes les maisons de secours une somme de 9,380 fr. de rentes, qui est distribuée directement par les sœurs et sans contrôle, d'après la volonté des testateurs.

En cas de laïcisation, la question s'élèverait de savoir si ces libéralités resteraient à la maison de secours.

C. — Personnel médical.

Dès l'origine des bureaux de bienfaisance, on a toujours considéré que les secours aux malades étaient une partie essentielle des secours à domicile. Mais ce n'est qu'assez tard que ces secours furent organisés d'une manière sérieuse.

En 1831, pour la première fois, on exige du personnel médical proprement dit le diplôme de docteur (art. 28 de l'ord. du 24 septembre 1831). Dès cette époque, les nominations dans le personnel médical étaient faites par le préfet sur des listes triples formées par les bureaux de bienfaisance.

La loi de 1849, dans son article 7, indique un autre mode de nomination. Cette loi, en prescrivant de faire un règlement d'administration publique pour organiser l'assistance à domicile (art. 8), avait voulu néanmoins indiquer ses intentions fondamentales sur l'organisation du personnel médical. Elle avait prescrit alternativement deux modes de nomination : le concours ou l'élection par les confrères.

Cette loi ne fut pas appliquée à cet égard ; jusqu'à ces derniers temps on négligea de préparer le règlement d'administration publique. Sous l'Empire, on se borna à faire des règlements n'ayant qu'une valeur d'arrêté préfectoral, et qui, sur ce point, furent en contradiction formelle avec la loi de 1849.

C'est ainsi que le règlement des 20 avril et 13 octobre 1853, reproduisant, malgré les prescriptions nouvelles de la loi de 1849, l'ordonnance de 1831, déclare que les médecins seront nommés par le préfet de la Seine. Ce mode de nomination fut maintenu par le règlement de 1860 et pendant toute la période impériale. Il faut arriver jusqu'en 1879 pour voir exécuter le vœu de la loi de 1849. Le préfet de la Seine, M. Hérold, par un arrêté du 20 février 1879, vint soumettre à l'élection par leurs confrères de l'arrondissement la nomination des médecins des bureaux de bienfaisance.

Ce système de l'élection à un degré a été assez vivement combattu dès son apparition, et malgré les espérances du préfet Hérold, exprimées dans une circulaire du 10 mai 1879, les résultats pratiques furent loin d'être satisfaisants.

Aussi les rares partisans qu'il comptait dans le conseil municipal, dans l'administration et dans le public l'ont-ils généralement abandonné aujourd'hui.

Ce système n'a pas, en effet, donné les résultats qu'on en attendait. La pratique a prouvé l'indifférence du corps électoral; ne votaient guère que les médecins qui avaient été sollicités personnellement par les candidats. Il en résultait que ce n'était pas toujours en vertu d'un choix mûrement délibéré que l'on votait, mais souvent par simple camaraderie. D'autre part, dans certains arrondissements où le nombre des médecins est peu élevé, les médecins du bureau de bienfaisance se désignaient pour ainsi dire eux-mêmes: par exemple, dans le XIIIe arrondissement, les six médecins du bureau ont été élus par douze. Il n'y avait dans ce système ainsi appliqué aucune garantie, et l'on s'accorde à reconnaître que le système antérieur en offrait davantage.

Mais la loi de 1849 limite l'indépendance de l'administration et personne d'ailleurs n'a demandé à faire modifier la loi à ce point de vue.

Ce n'est pas que chacun n'ait préconisé avec enthousiasme son propre système: la commission du ministère de l'intérieur, l'élection à deux degrés, le conseil de surveillance et le conseil municipal, le concours.

Le règlement du 12 août 1886 adopte ce dernier système, en laissant au ministre de l'intérieur le soin de statuer par arrêté sur les formes de ce concours.

Dans le système de la commission du ministère de l'intérieur, on avait cru éviter les inconvénients de l'élection à un degré, en formant un corps électoral par le suffrage à deux degrés.

Chaque arrondissement était représenté dans le collège électoral par un délégué nommé par les médecins de l'arrondissement. Ce procédé avait, en effet, l'avantage de supprimer en partie le scandale de ces élections faites par les candidats ou les médecins eux-mêmes. Le collège électoral, composé de vingt délégués des arrondissements de Paris, devait avoir une bien plus grande indépendance, et n'aurait pas été gêné par la camaraderie; le collège restreint devenait une véritable commission, chargée, comme le dit l'article 19, d'examiner les titres des candidats.

On peut faire cependant de graves objections à ce système; voulant avoir l'air de faire une véritable élection à deux degrés, on n'aurait pas donné au collège électoral un moyen sérieux d'examiner les titres des candidats, le collège composé de médecins délégués des arrondissements, qui auraient pu d'ailleurs ne tenir en rien au bureau de bienfaisance, n'aurait eu, dans la plupart des cas, d'autres renseignements sur les candidats de chaque arrondissement, que les renseignements fournis par le délégué de cet arrondissement.

Il en serait résulté pour lui une influence prépondérante, quelque peu abusive et, comme le faisait remarquer M. Bayvet, rapporteur de la commission du conseil de surveillance, c'eût été véritablement ce délégué qui aurait déterminé la nomination des médecins du bureau de bienfaisance de son arrondissement.

Il y avait là un danger sur lequel il est inutile d'insister; « il aurait été le véritable arbitre des médecins des bureaux. » Il aurait donc eu sur eux, et sans responsabilité, une plus grande influence que n'en aurait eu le bureau de bienfaisance lui-même.

Cette situation eût été d'autant plus choquante qu'en fait, il est très probable que l'indifférence manifestée par le corps électoral, lors des élections directes des médecins des bureaux de bienfaisance, se fût montrée, au moins égale, pour une élection sans résultat immédiat et qui n'aurait eu pour but que de déléguer un droit électoral, dont on avait si peu souci. Ce délégué, fort d'un si grand pouvoir, aurait pu ne pas représenter le corps médical de l'arrondissement.

Ce système a été écarté, avec raison, par le conseil de surveillance, par le conseil municipal et par le Conseil d'État.

Ces trois assemblées ont manifesté leur préférence pour le concours.

Ce système ne présente pas moins de graves inconvénients.

En insistant sur la nécessité de faire porter le concours sur des épreuves pratiques, on reconnait l'inutilité et même le danger d'un concours sur des épreuves théoriques et de science pure, pour former un corps comme celui des médecins de bureau de bienfaisance.

Ce corps n'a pas, en effet, ainsi que celui des hôpitaux, une double mission : soigner les malades sans grand dérangement personnel, et former un corps savant d'enseignement clinique. Il n'a qu'une tâche, mais qui est lourde et qui exige avant tout un grand dévouement et un ensemble de qualités dont le discernement échappe au concours.

Il s'agit, pour les médecins, d'aller visiter les malades dans les familles, de leur apporter non seulement le secours de leur science, mais aussi l'appui de leur bienveillance et de leurs encouragements.

Les partisans du concours l'ont bien compris, et ils ont indiqué que les épreuves seraient surtout d'ordre pratique.

Or, qu'entend-on par là ?

Sans doute, ce qu'on appelle les épreuves cliniques. Mais ces épreuves seront-elles suffisantes à elles seules pour déterminer le choix du jury?

Personne n'ignore que la part de chance est très considérable dans ce genre de concours.

Si donc on veut faire résulter les nominations de médecins des bureaux de bienfaisance d'un véritable concours dans le sens habituel du mot, il faut nécessairement, à côté des épreuves cliniques, placer au moins une épreuve théorique.

Mais un concours dans ces conditions constitue-t-il un bon criterium pour choisir des médecins de bureau de bienfaisance?

Non, car il ne faut pas oublier qu'il s'agit avant tout de former un corps de praticiens dévoués. Comment espérer que des médecins ayant déjà une clientèle sérieuse, ne pouvant en conséquence disposer de loisirs suffisants pour se préparer à des épreuves théoriques, viendront à ce concours, qui d'ailleurs ne donnerait aucune garantie pour les qualités d'ordre général qu'on exige d'un bon médecin de bureau de bienfaisance.

Il y aura aussi un grave danger dans l'organisation d'un concours qui ne sera qu'un diminutif de celui des hôpitaux, un médecin nommé ainsi échappant fatalement à l'influence et à l'autorité du bureau de bienfaisance.

Dans les hôpitaux, cette indépendance absolue du corps médical peut se défendre; les médecins des hôpitaux ne doivent à l'Assistance publique que leur science et, à cet égard, ils offrent toute garantie.

En effet, à l'hôpital, pour le médecin, le malade n'est guère qu'un sujet qu'il doit chercher à guérir, et dont le cas fournit un enseignement profitable à ses élèves; c'est là sa tâche principale.

Dans le service des secours à domicile, la médecine a une mission, peut-être moins élevée au point de vue scientifique, mais qui exige un plus grand dévouement et des rapports personnels plus nombreux avec les malades.

A cet égard, il est bon qu'un médecin de bureau de bienfaisance soit en communion d'idées avec son bureau, qu'il seconde ses vues. Il doit donc s'établir entre le médecin et le bureau des rapports fréquents et étroits. En effet, on peut considérer le médecin du bureau de bienfaisance comme le délégué médical de ce bureau auprès de ses pauvres. Il doit, à ce point de vue, tenir un compte plus grand que ne le fait le médecin des hôpitaux des prescriptions administratives.

Il y a lieu d'ajouter qu'il sera peut-être difficile d'avoir des concurrents sérieux dans certains arrondissements et qu'il faudra s'écarter de l'ordre rigoureux de mérite, ce qui est toujours fâcheux pour un concours.

Les partisans du concours se sont rendu compte de ce danger, et l'un d'eux a proposé un moyen de tourner la difficulté. M. Thomas, dans la séance du 28 décembre 1882 du conseil de surveillance de l'Assistance publique, lors de la discussion de l'article 19 du projet, fit remarquer que « le concours donnera des non-valeurs dans certains quartiers. Mais l'administration, en cas de manque de candidats, ou d'insuffisance de médecins reconnus aptes au service, aura toujours le droit de désigner d'office des praticiens remplissant les conditions exigibles de savoir et d'honorabilité. »

C'est avouer son peu de foi dans le résultat d'un concours sur épreuves; c'est montrer le peu d'efficacité de ce système, car le remède proposé ne saurait s'admettre.

Cet amendement de M. Thomas, qui est pourtant le résultat d'une parfaite connaissance des réalités, pouvait produire des conséquences très injustes; des candidats ayant satisfait au concours, mais n'habitant pas les arrondissements déshérités, se verraient primés par des médecins jugés insuffisants dans ce concours même, et qui seraient cependant nommés à raison de leur résidence.

Cet amendement n'était donc pas possible, mais c'est cependant là qu'on devrait en arriver sous une forme ou sous une autre, si l'on admettait le principe du concours sur épreuves déterminées. C'est d'ailleurs ce qui ressort de toute la discussion du conseil de surveillance.

Le règlement a sans doute songé à ces difficultés d'ordre pratique, lorsqu'il a indiqué dans l'article 25 qu' « au cas où, par suite de l'absence de concurrents ou de l'insuffisance des épreuves constatée par un rapport motivé du jury d'examen, le concours ne donnerait pas de résultats, il serait pourvu aux emplois vacants par le ministre de l'intérieur, sur la proposition des commissions administratives ».

Le règlement a voulu par là indiquer au ministre que le concours, pour être pratique, devrait être organisé par région. Cela est évident en combinant l'article 25 avec l'article 24, § 2 [1].

Il ne peut donc plus être question dans ces conditions d'un concours général, comme lorsqu'il s'agit des hôpitaux. On doit tenir compte d'une foule de circonstances qui échappent habituellement à un jury d'examen.

C'est ce dont a tenu compte, dans une certaine mesure, l'arrêté ministériel du 25 février 1887 qui a organisé le concours des médecins des bureaux de bienfaisance, et dont la teneur suit :

Le Président du Conseil, ministre de l'intérieur et des cultes,

Vu le décret du 12 août 1886, portant règlement d'administration publique sur l'organisation de l'assistance à domicile dans la ville de Paris, disposant :

1° Article 21, que les médecins des bureaux de bienfaisance seront nommés au concours ;

2° Article 24, qu'un arrêté ministériel statuera sur les formes du concours et la nature des épreuves, en particulier des épreuves cliniques ;

Vu les propositions du préfet de la Seine en date du 15 février 1887 ;

Arrête :

Art. 1er. — Le concours pour les emplois de médecins des bureaux de bienfaisance est réglé ainsi qu'il suit :

1° Une épreuve de diagnostic suivie d'une ordonnance écrite en formule. Les malades seront choisis par les juges avant la séance et tirés au sort par les candidats à mesure qu'ils seront appelés à subir les épreuves.

Il sera donné au candidat dix minutes pour l'examen des malades ; cinq minutes pour l'exposition orale du diagnostic et dix minutes pour la rédaction

1. Art. 24, § 2. — Les candidats doivent se faire inscrire à la mairie de l'arrondissement et justifier.... qu'ils résident dans l'arrondissement où la vacance s'est produite ou dans un quartier limitrophe.

de l'ordonnance, avec formules, laquelle rédaction sera lue à la fin de la séance. Vingt-cinq points seront donnés pour cette épreuve.

Les vingt-cinq points seront divisés en :

1° Quinze points pour le diagnostic ;

2° Dix points pour l'ordonnance.

2° Une consultation écrite sur la conduite à tenir dans un cas de pratique obstétricale (question commune à tous les candidats).

Une demi-heure sera accordée au candidat pour la rédaction de cette consultation, dont la lecture sera donnée en public.

Il sera donné quinze points pour la consultation écrite.

3° Appréciation des titres antérieurs.

Dix points seront accordés à l'appréciation des titres antérieurs.

Les épreuves seront publiques.

Il y aura un concours tous les ans, à moins de vacances exceptionnelles dans les places des médecins des bureaux de bienfaisance.

Les candidats, en s'inscrivant, indiqueront par ordre de préférence, les arrondissements pour lesquels ils concourent.

Le jury sera composé de quatre médecins des bureaux de bienfaisance ayant au moins dix années de fonctions et tirés au sort et d'un délégué de l'Administration centrale.

Les règles générales des concours de l'Assistance publique seront applicables à ce concours.

Art. 2. — Le préfet de la Seine est chargé d'assurer l'exécution du présent arrêté.

Fait à Paris, le 25 février 1887.

René GOBLET.

Comme on le voit, cet arrêté tient compte à la fois de la valeur scientifique des candidats et des titres qu'ils ont pu acquérir comme praticiens dans l'exercice de leur profession. Le ministre a donc rejeté le système absolu proposé par le conseil de surveillance.

Il était d'autant plus nécessaire de résister à cette proposition, qu'ainsi que nous l'avons fait remarquer, ses partisans n'en étaient pas eux-mêmes entièrement satisfaits, et qu'ils paraissaient y avoir été amenés, moins par la conviction de l'excellence du système proposé, que par une interprétation trop étroite des termes de la loi de 1849 [1].

---

1. Séance du conseil de surveillance de l'assistance publique en date du 28 décembre 1882. Rapport de M. Bayvet.

« Votre commission... s'est unanimement décidée pour le concours, sans se dissimuler que les objections élevées contre le concours avaient une certaine gravité.

« La première et la plus sérieuse objection est tirée des difficultés presque insurmontables qu'on rencontrerait si on voulait constituer les concours pour les bureaux de bienfaisance de la même façon que les concours pour les hôpitaux.

Qu'a voulu l'article 7 de la loi de 1849 ? L'alternative des termes indique bien que le législateur n'avait pas d'idée bien arrêtée. Le législateur a voulu simplement repousser la nomination pure et simple et directe par le préfet antérieurement pratiquée. Il lui a semblé nécessaire d'entourer le choix d'un personnel chargé d'une mission aussi délicate et aussi importante, de garanties spéciales.

C'est bien là l'esprit de la loi, pourvu que le système adopté n'aille pas contre les vues générales de la loi de 1849 ; aussi le ministre de l'intérieur, chargé par l'article 24, § 5, d'élaborer le règlement du concours des médecins de bureau de bienfaisance, s'est-il cru fondé à user d'un large pouvoir d'appréciation et d'interprétation.

Il nous paraît donc que la commission du ministère avait péché par trop grande timidité, en rejetant comme contraire au texte de la loi, un système intermédiaire proposé au cours de la discussion : le concours sur titres, et ce n'est pourtant, cela semble résulter des termes du rapport, qu'à défaut de ce système que la commission s'était résignée au système de l'élection à deux degrés.

Qu'est-ce donc qu'un concours ?

Qu'est-ce qui le caractérise ?

Le concours n'est pas autre chose que le moyen de donner une fonction aux personnes qui en paraissent les plus dignes ; ce qui distingue cette nomination par concours d'une nomination soumise au seul arbitraire d'un chef d'administration, c'est que, dans le premier cas, on admet forcément un choix entre plusieurs candidats. Ce choix doit être dicté par le mérite respectif de ces candidats. Quant au criterium pratique de ce mérite, il varie forcément selon les circonstances.

On ne trouverait pas de juges... Votre commission a pensé qu'on pourrait constituer un jury d'examen de trois membres ainsi choisis :

« Un médecin ou chirurgien des hôpitaux ou du bureau central ;

« Deux médecins des bureaux de bienfaisance.

« L'examen serait beaucoup moins long et moins étendu que pour les hôpitaux, et le jury aurait à tenir *un compte très sérieux du passé scientifique et pratique des candidats*... »

M. Ferry. — « Il y aura beaucoup de candidats pour les arrondissements du centre ; il n'y en aura pas pour les arrondissements excentriques et ce sont les plus intéressants, parce que ce sont ceux qui comptent le plus de pauvres et de malades. »

M. Thomas se prononce pour le concours... « Le concours donnera sans doute des non-valeurs dans certains quartiers, mais l'administration, en cas d'insuffisance de médecins aptes, aura le droit de désigner d'office des praticiens remplissant les conditions exigibles de savoir et d'honorabilité. »

M. le Directeur accepte le concours... malgré les difficultés et les inconvénients qu'il reconnaît.

Les diverses qualités qui forment le mérite d'un concurrent sont soumises à un coefficient plus ou moins important, selon la fonction recherchée.

Il en résulte que selon le but du concours, on se servira d'éléments très divers et très différents d'appréciation.

Si on admet cette définition, qui nous parait parfaitement conforme à la réalité des choses, on doit reconnaître que le mot concours comprend également le concours sur épreuves déterminées et le concours sur titres.

Dans la pratique, le concours sur épreuves déterminées est plus fréquent que le concours sur titres. En effet, la plupart des concours ont lieu à l'entrée des diverses carrières et ils se passent généralement entre jeunes gens qui, n'ayant pas commencé la vie active, ne peuvent se distinguer que par les connaissances théoriques qu'ils ont pu acquérir dans leurs études. Nous aurions voulu que l'arrêté ministériel tenant compte de ces considérations, qui ont été d'ailleurs développées au cours des discussions diverses sur le règlement du 12 août 1886, encourageât les médecins de quartier, anciens et connus, à affronter ce concours au lieu de les en éloigner comme il le fera bien certainement. Nous reviendrons plus loin sur ces critiques.

Au contraire, lorsqu'il s'agit d'une fonction déterminée et qui suppose chez les candidats une profession déjà pratiquée et une certaine expérience de la vie active, il est bon de cesser d'exiger des épreuves théoriques, alors surtout que la profession, pour être exercée, a nécessité de longues études et de sérieux examens. C'est alors qu'il est utile de rechercher, s'il est possible, le mérite des candidats, par la comparaison attentive des divers titres qu'ils ont pu se créer dans l'exercice même de leur profession.

Par ce moyen, on a de plus grandes chances d'obtenir exactement le résultat recherché et de placer « *the right man in the right place* ». Par conséquent, le ministre de l'intérieur avait parfaitement qualité pour admettre le concours sur titres comme une application de l'article 7 de la loi de 1849 et de l'article 21 du règlement de 1886. Aussi, il nous est impossible de ne pas critiquer à cet égard l'arrêté du 25 février 1887. Cet arrêté autorise les candidats à indiquer en s'inscrivant, par ordre de préférence, les arrondissements pour lesquels ils concourent : or, l'article 21 du décret du 12 août dit formellement, ainsi que nous l'avons vu, que les candidats doivent justifier qu'ils résident dans l'arrondissement où la vacance s'est produite ou dans un quartier limitrophe.

L'esprit de l'arrêté n'est-il pas en contradiction avec les intentions du décret ? En effet, le résultat le plus évident de cette mesure sera d'attirer au concours des médecins ayant peu d'attaches dans le quartier où ils exercent et pouvant facilement, suivant leur classement à la suite du concours, se déplacer et aller habiter un autre arrondissement. Ces médecins, ce sont précisément les jeunes ou ceux qui n'ont pas réussi dans leur quartier. Le recrutement sera donc défectueux et en contradiction avec le but que se propose le concours.

C'est pour ces diverses raisons que nous aurions voulu le concours presque exclusivement sur titres, au lieu d'un concours principalement sur épreuves que redouteront bien certainement d'excellents médecins aimés dans leur quartier, mais dont l'âge ne s'accommode plus d'examens théoriques, que peuvent seuls subir les jeunes gens tout frais sortis de l'école. Nous aurions donc préféré un concours établi sur les bases suivantes :

Le choix d'un bon médecin de bureau de bienfaisance comporte deux éléments assez différents : l'élément technique et scientifique et l'élément professionnel.

L'élément professionnel doit être jugé par les personnes qui, par leur situation et par leur résidence, sont le mieux à même de connaître les candidats, et d'obtenir les renseignements les plus exacts sur la manière dont ils exercent leur profession. A ce point de vue, on avait pensé, dans le système de l'élection à un degré, que les meilleurs juges étaient les médecins mêmes de l'arrondissement ; l'expérience a fait justice de ce système.

Restent donc le bureau de bienfaisance lui-même et la municipalité de l'arrondissement ; ces deux corps sont bien placés pour juger les médecins de l'arrondissement. Ils sont d'abord généralement composés d'hommes honorables, éclairés, dévoués, qui habitent au milieu de leurs administrés et les connaissent parfaitement ; d'autre part, les médecins ont presque tous l'occasion de fréquenter la mairie pour divers services publics dont ils sont habituellement chargés.

Le bureau de bienfaisance et la municipalité ont donc le moyen de se renseigner bien exactement sur le caractère, le dévouement, l'activité, en un mot toutes les qualités du candidat, qui peuvent constituer ses titres au point de vue professionnel.

Il serait donc essentiel qu'il y eût dans le dossier de chaque candidat un avis détaillé du bureau de bienfaisance et de la municipalité. Il serait bon aussi que les bureaux de bienfaisance et les municipalités fussent représentés dans le jury pour y soutenir les avis des bureaux de bienfaisance.

D'autre part, l'élément scientifique doit être jugé par des représentants autorisés de la science, et il le sera tant sur des épreuves cliniques que sur les titres divers des candidats; l'internat, les concours entre internes, le prosectorat, les publications scientifiques, les fonctions médicales déjà remplies permettront de se former une opinion suffisamment exacte sur la valeur scientifique des candidats.

Il importe d'éviter dans le jugement de ces titres divers une partialité en faveur de telle ou telle nature de ces titres, provenant de la prépondérance d'un élément déterminé d'un des trois grands corps scientifiques médicaux de Paris. Il serait bon, à cet effet, de composer la partie médicale du jury d'un nombre égal de représentants de l'Académie de médecine, de la Faculté et des hôpitaux.

La proportion des représentants du corps médical et des bureaux de bienfaisance devrait, il semble, être favorable aux médecins. Il s'agit, après tout, de juger des médecins, et s'il est nécessaire de donner une voix aux représentants des bureaux de bienfaisance, il paraît indispensable d'assurer dans le jury la prépondérance à l'élément qui doit garantir la valeur scientifique du corps des médecins de bureau de bienfaisance ; cela est nécessaire, parce que si on doit exiger d'un médecin de bureau de bienfaisance certaines qualités professionnelles indépendantes de la science, celle-ci n'en est pas moins la principale qualité de tout bon médecin.

Quant au prestige du titre de médecin du bureau de bienfaisance, qu'il s'agit de relever dans l'opinion. La composition du jury indiquée par l'arrêté ministériel du 25 février 1887 n'est pas de nature à le rehausser. Un jury composé pour la plus grande partie des sommités du monde médical parisien, et par cela même très indépendant, serait seul de nature à donner toute satisfaction.

Il serait utile que chaque groupe de représentants des divers éléments du jury fût en nombre égal.

Le jury serait nommé par le ministre de l'intérieur, sur une liste double présentée par le préfet de la Seine. Il serait composé de :

1° Trois maires ou adjoints de Paris ;

2° Trois membres de l'Académie de médecine ;

3° Trois membres de la Faculté de médecine ;

4° Trois membres du corps des médecins des hôpitaux de Paris.

Le jury élirait son président.

D. — Sages-femmes.

En vertu des règlements de 1831 et de 1853, le nombre des sages-femmes qui doivent être adjointes au service médical de chaque arrondissement, ainsi que le taux des indemnités qui doivent leur être payées, étaient fixés par le directeur de l'Assistance publique, sur la demande des bureaux de bienfaisance, après approbation par le préfet. Elles étaient nommées pour 3 ans et pouvaient être maintenues dans leurs fonctions sur la proposition des bureaux. Elles ne pouvaient être révoquées que sur l'avis du conseil de surveillance. Ces dispositions avaient été maintenues par le règlement de 1860.

Le règlement actuel les modifie quelque peu : les sages-femmes doivent être de première classe (art. 3). Il n'y a plus besoin de l'avis du conseil de surveillance, mais seulement de l'avis des commissions administratives des bureaux de bienfaisance pour prononcer leur révocation. Elles sont de plus astreintes à la résidence dans l'arrondissement où elles exercent leurs fonctions, afin qu'on puisse, dans les cas urgents, les avoir plus facilement sous la main : et, comme leur recrutement est plus facile que celui des médecins, on n'a pas étendu pour elles la faculté de résider dans un quartier limitrophe.

Le projet du ministère de l'intérieur proposait leur nomination par le directeur de l'Assistance publique, après avis des médecins. Le projet du conseil de surveillance considérait au contraire cet avis comme inutile, les médecins connaissant peu les sages-femmes, et l'avait rayé. Ces dispositions n'ont pas été reproduites dans le règlement même.

II. — Personnes à secourir.

Ainsi qu'il a été dit plus haut, la grande distinction entre les personnes secourues par voie d'hospitalisation et celles qui sont soulagées par les bureaux de bienfaisance, réside dans l'obligation du domicile de secours qui est imposée à ces dernières.

L'obligation du domicile de secours résulte de la loi du 24 vendémiaire an II. Elle varie dans son application selon les règlements spéciaux faits par les bureaux de bienfaisance, approuvés par les préfets. A Paris, la durée de la résidence imposée pour acquérir le domicile de secours est d'une année, comme le dit la loi elle-même.

Cette disposition s'applique aux indigents « incapables de pourvoir à leur subsistance par le travail » et qui veulent obtenir des secours permanents.

On distingue, en effet, deux sortes de secours donnés par les bureaux de bienfaisance : les secours annuels et les secours temporaires.

D'après le règlement de 1860, les secours annuels ou temporaires étaient attribués aux personnes rentrant dans les catégories suivantes : les aveugles, les paralytiques, les cancéreux, les infirmes [1], les vieillards ayant accompli leur soixante-quatrième année avaient droit à des secours annuels.

Étaient inscrits pour les secours temporaires, les blessés, les malades, les femmes en couches ou les nourrices ayant d'autres enfants à soutenir ou se trouvant sans aucun moyen d'existence ; les enfants abandonnés, les orphelins, les ménages ayant à leur charge au moins trois enfants au-dessous de quatorze ans ou deux enfants dont l'un serait atteint d'une infirmité grave, etc.

Cette réglementation détaillée et excessive avait le très grand inconvénient de créer une sorte de droit à être inscrit sur le contrôle des

---

1. On comprenait sous la dénomination d'*infirmités* graves celles qui sont incurables ou de nature à empêcher habituellement les indigents de travailler pour assurer leur existence. Les certificats de médecins constatant ces infirmités doivent rester annexés à la demande d'admission.

Les individus affectés de maladies ou d'infirmités ci-après désignées, sont regardés comme infirmes incurables par les médecins du bureau central d'admission dans les hospices : Tremblement général. — Impotence rhumatismale goutteuse, suite de luxation, etc. — Paralysie incurable, complète ou incomplète. — Incontinence d'urine ou des excréments. — Anévrisme du cœur ou des gros troncs artériels. — Asthme chronique ou suffocant. — Hydropisie enkystée. — Rachitisme. — Déformation de la poitrine, du bassin ou des membres. — Dartres rongeantes incurables. — Difformités d'un aspect repoussant ou qui rendent l'indigent inapte au travail. — Hernies volumineuses et difficiles à contenir. — Privation d'un membre. — Surdité complète. — État de surdi-mutité. — Idiotisme. — Épilepsie. — Cancers. — Cécité complète incurable ou faiblesse de la vue assez grande pour empêcher l'indigent de se livrer à aucun travail. (Instructions sur les secours à domicile, 1820.)

Les médecins devaient spécifier dans les certificats qu'ils délivraient, surtout à l'époque des recensements généraux, pour les rhumatismes, leur fréquence, leur siège ordinaire, la nature des désordres organiques qui ont pu en résulter ; pour l'affaiblissement de la vue, sa cause organique ; pour les hernies, leur gravité, leur siège, le plus ou moins de facilités de contention ou de réduction.

indigents à l'un des deux titres (annuel ou temporaire) au profit des personnes qui en fait pouvaient être moins misérables que d'autres ne remplissant pas les conditions rigoureusement exigées.

On peut très bien admettre, en effet, qu'un ménage avec un ou deux enfants puisse être beaucoup plus misérable que tel autre avec trois ou quatre enfants.

Il s'était donc produit, grâce à ces catégories rigoureuses, des inégalités de traitement assez choquantes dans la pratique.

Le règlement actuel a eu pour but, sur l'avis unanime de la commission du ministère de l'intérieur, du conseil de surveillance de l'Assistance publique et du Conseil d'État, de remédier à cet état de choses.

A cet effet, il a substitué aux nombreuses catégories du règlement de 1860, deux formules très générales s'appliquant aux deux classes de secours.

Peuvent obtenir des secours annuels les indigents incapables de pourvoir à leur subsistance par le travail ; les catégories très larges indiquées dans l'article 32 ne sont qu'explicatives et n'emportent avec elles aucune limitation [1].

Peuvent obtenir des secours temporaires les personnes qui se trouvent dans des cas d'indigence momentanée ; à titre d'indication l'article 34 ajoute : « en particulier par suite de blessures, de maladies ou de couches. »

Ainsi, dans le nouveau système, plus de réglementation rigoureuse; l'admission sur la liste des indigents devient une question d'espèce soumise à l'appréciation de la commission administrative du bureau de bienfaisance.

Une autre réforme a été faite par le nouveau règlement.

Le règlement de 1860 disposait d'une manière générale que les étrangers ne pouvaient recevoir de secours qu'en justifiant d'une résidence pendant dix années consécutives. La mesure s'appliquait aux secours temporaires comme aux secours annuels.

Le nouveau règlement distingue, au contraire, entre les deux.

Les étrangers ne peuvent recevoir de secours annuels. Ils peuvent, au contraire, dans les mêmes conditions que les Français, recevoir des secours temporaires.

---

1. 1° Personnes atteintes d'infirmités ou de maladies chroniques ; 2° vieillards âgés de soixante-quatre ans révolus ; 3° orphelins âgés de moins de treize ans.

On a considéré les secours à ce point de vue comme un peu l'équivalent de l'hôpital. Cette innovation oblige moralement l'État, avec une force nouvelle, à contribuer aux dépenses de l'Assistance publique.

Une réforme très heureuse est insérée dans l'article 33.

On avait pu remarquer que certains indigents avaient cumulé des secours périodiques de diverses provenances. Cette pratique produisait une fâcheuse inégalité de traitement, encourageait à la paresse et même à la profession de mendiant.

Aussi le nouveau règlement établit des rapports suivis entre l'Assistance publique et les institutions charitables privées : on se communique les listes d'indigents, ce qui évite les doubles emplois. En outre, les indigents secourus annuellement sont tenus de faire connaître la quotité des secours permanents qu'ils pourraient recevoir d'autre part : en cas de fausse déclaration, les secours annuels seraient supprimés. Cette mesure ne s'étend pas aux secours temporaires.

III. — Voies et moyens.

Les ressources du service des secours à domicile se divisent en deux classes : 1° ressources propres à chaque bureau de bienfaisance ; 2° ressources générales venant de subventions diverses de l'administration générale de l'assistance publique, ou de dons et legs faits par des particuliers à la généralité des pauvres de Paris.

Il résulte de l'autonomie relative des bureaux de bienfaisance, et de leur personnalité civile même restreinte, que ces bureaux ont le droit d'avoir une caisse intérieure qui est alimentée autant que possible par les ressources particulières de l'arrondissement, les recettes intérieures toutes formées de diverses sources.

1° *De quêtes et de collectes, troncs, aumônes.* — L'article 8 de la loi du 7 frimaire an V mis en exécution par un arrêté du ministre de l'intérieur du 5 prairial an XI donna aux administrateurs des bureaux de bienfaisance le droit de faire des quêtes dans les églises et autres lieux publics et d'y faire poser des troncs destinés à recevoir des aumônes.

Les fabriques ont plusieurs fois soutenu qu'elles pouvaient faire des quêtes pour les pauvres en concurrence avec celles des bureaux de bienfaisance. La jurisprudence est contraire à la prétention des fabriques qui ne peuvent faire de quêtes que pour les besoins du culte et, par extension, pour habiller les enfants pauvres qui font leur première communion.

Dans la pratique, certains bureaux de bienfaisance font des abonnements avec les fabriques et leur abandonnent le droit aux quêtes moyennant un abonnement fixé à forfait. (Instruction ministérielle sur la comptabilité des bureaux de bienfaisance du 1er février 1860, art. 165.)

En outre, les bureaux de bienfaisance font faire annuellement des collectes à domicile en faveur des pauvres de l'arrondissement ; les collectes doivent être faites par les administrateurs eux-mêmes ou par les commissaires et les dames de charité. Il est important, pour que le produit de cette collecte soit sérieux, qu'il soit fait par des personnes charitables et désintéressées à qui on ose moins refuser qu'à des industriels qui, comme cela s'est pratiqué dans certains cas, prélèvent en salaire un tant pour cent sur la recette. Il importe de proscrire ce mode de procéder qui pourrait avoir de mauvais résultats et qui semble peu digne d'une institution de bienfaisance.

2° *Fêtes de bienfaisance.* — On organise annuellement, dans chaque arrondissement, soit une fête foraine, soit un bal, soit un spectacle au profit des pauvres de l'arrondissement ; c'est un des moyens les plus féconds d'enrichir la caisse des bureaux de bienfaisance.

3° *Recettes diverses,* telles qu'intérêts de fonds placés, restitution de sommes indûment payées.

4° *Dons et legs faits avec ou sans destination spéciale au profit des pauvres de chaque arrondissement.* — Ces dons et legs sont acceptés par les bureaux de bienfaisance chargés d'en faire l'emploi, nous avons examiné plus haut les questions juridiques soulevées par ces dons et legs.

Outre ces ressources propres dont l'importance varie considérablement dans les arrondissements et malheureusement le plus souvent en raison inverse de la misère de chacun, le service des secours à domicile est alimenté par des ressources générales tirées du budget de l'administration générale publique, ainsi que par les dons et legs faits à l'ensemble des pauvres de Paris sans affectation à tel arrondissement.

Ces fonds généraux s'appliquent à des objets assez divers qu'il importe d'examiner en détail.

Dans les règlements antérieurs et encore dans celui de 1860, on distinguait les fonds de subventions générales s'appliquant aux indigents non classés dans des catégories spéciales, et les fonds de subventions spéciales s'appliquant à des catégories spéciales d'indigents.

C'est ainsi qu'on distinguait : les secours aux ménages chargés d'enfants, aux vieillards et infirmes, aux phtisiques et chroniques, les secours représentatifs du séjour à l'hospice, les secours de convalescence (fondation Monthyon), les secours pour accouchements à domicile, les secours de nourrice et d'allaitement, etc.

Ces diverses subventions de l'assistance étaient réparties d'après des règles particulières, généralement au prorata des unités indigentes de chaque espèce. Ces répartitions venant s'ajouter aux ressources propres de chaque arrondissement produisaient des inégalités considérables entre le taux moyen de secours par unité de répartition dans chaque arrondissement, d'autant plus que le fonds de subvention extraordinaire n'était pas distribué de manière à corriger ces inégalités. En 1877, on chercha à y remédier en partie, en établissant au moyen de cette subvention extraordinaire une moyenne minima par unité de répartition[1], pour les arrondissements pauvres. Malgré cette réforme partielle, la spécialisation des secours arrivait à faire des différences énormes entre les taux de secours par unité de répartition dans les divers arrondissements.

Aussi le nouveau règlement, tout en distinguant les diverses natures de secours comme par le passé, au point de vue de la répartition, réunit en une masse la plus grande partie des fonds destinés au service des secours à domicile et il fait ensuite la répartition de ces fonds suivant des bases diverses.

On a voulu, dans ce système, éviter que les bureaux de bienfaisance, en forçant le nombre de leurs indigents, obtinssent une part plus forte du fonds commun ; aussi n'a-t-on plus pris pour base l'unité de répartition antérieure, ni le nombre des indigents. On a en

1. L'unité de répartition, dans ce système, s'obtenait en augmentant le nombre des ménages fixé par le dernier recensement général, d'autant d'unités qu'il y avait d'enfants ou d'infirmes en excédent du minimum de personnes fixé pour l'admission par le règlement de 1860.

conséquence adopté une triple base de répartition, et les subventions de l'assistance publique sont ainsi distribuées : un cinquième proportionnellement à la population de chaque arrondissement ; deux cinquièmes en raison inverse du montant de la contribution personnelle et mobilière de chaque arrondissement divisé par le nombre d'habitants formant la population générale de cet arrondissement. Les deux derniers cinquièmes sont répartis entre les bureaux de bienfaisance des arrondissements les plus pauvres, par le budget même de l'assistance publique, après avis des délégués des bureaux de bienfaisance.

Ce système s'appuie notamment sur cette présomption, basée d'ailleurs sur la statistique, que ce sont les arrondissements où les loyers sont le moins cher qui ont le plus de pauvres. Cette présomption même avait paru si forte aux rédacteurs du projet du ministère de l'intérieur, qu'ils en avaient fait l'unique base de répartition des subventions ; mais le nouveau décret a tenu compte, d'une part, du chiffre de la population, d'autre part du peu de ressources de certains bureaux, et n'a pas voulu les priver des avantages que depuis 1877 leur procurait la subvention extraordinaire réservée, ainsi que nous l'avons déjà dit, aux bureaux qui n'atteignaient pas la moyenne minima par unité de répartition.

Partant de ce principe nouveau d'après lequel les diverses ressources des bureaux de bienfaisance ne doivent plus être réparties suivant certaines catégories de pauvres, mais doivent former une masse à répartir suivant les besoins réels, on a étudié la meilleure répartition et la plus équitable qui pourrait être faite et voici à quel procédé on est arrivé.

Dans une première opération, on a totalisé toutes les ressources affectées aux secours à domicile : c'est ce total que l'on divise par 5. Deux cinquièmes d'une part, un 3e cinquième d'autre part sont répartis comme il est dit en l'article 73.

Dans une deuxième opération, on a ajouté l'un à l'autre, pour chaque arrondissement, les deux résultats obtenus de la façon qui vient d'être indiquée : on a additionné ce total avec les ressources propres moins le produit des quêtes cependant, et l'on a obtenu pour chaque arrondissement un chiffre qui sert à établir au moyen d'une simple division un premier taux de répartition par unité indigente.

C'est ce taux qui sert à déterminer la répartition des deux cinquièmes restants. On adopte une moyenne à laquelle on élève tous les arrondissements dont le premier taux s'est trouvé inférieur. C'est ainsi qu'on est arrivé pour la répartition qui doit avoir lieu en 1887, à fixer pour 19 arrondissements sur 20 un taux uniforme dépassant 93 fr. Un seul arrondissement ne participe donc pas à cette répartition, à cause de ses ressources propres qui, jointes aux 3 premiers cinquièmes de l'article 73, donnent déjà un chiffre de 101 fr. environ par unité indigente.

Enfin, afin de stimuler le zèle des administrateurs et de donner ainsi satisfaction aux sérieuses objections que pourraient faire à cette unification presque complète de répartition les partisans de l'autonomie, on a réservé le produit des diverses quêtes, lesquelles viennent s'ajouter dans chaque arrondissement au taux de 93 fr. déjà établi. De la sorte, les bureaux ont toujours tout intérêt à chercher les moyens d'augmenter leurs ressources. Quant aux autres ressources propres tels que legs, donations, etc., il ne peut y avoir aucune crainte pour l'activité des bureaux, de les voir figurer en quelque sorte en déduction dans la répartition des deux derniers cinquièmes, puisque leur abondance ne dépend pas de l'initiative des commissions administratives, mais de diverses causes qui leur échappent, telles que la volonté des testateurs, etc...

Les ressources que nous venons d'indiquer servent à distribuer des secours qui peuvent se classer en quatre catégories :

1° Secours en travail;
2° Secours en nature;
3° Secours en argent;
4° Assistance médicale.

1° *Secours en travail.* — Le règlement de 1860 indiquait, parmi les secours à distribuer, les secours en travail; à cet effet, il faisait un devoir aux administrateurs des bureaux de bienfaisance « de chercher à se mettre en rapport avec des chefs d'industrie et des associations, afin que, par leur entremise, les indigents sans ouvrage puissent trouver occupation ».

Ce mode d'assistance, le meilleur qui soit, est assez difficile à organiser; aussi faut-il bien avouer que jusqu'à présent cette prescription du règlement de 1860 est restée lettre morte ; on comprend aisément pourquoi il en a été ainsi. Les administrateurs des bureaux de bienfaisance sont avant tout des hommes charitables qui s'occupent naturellement par la pente de leur esprit, plus volontiers de secours à recueillir et à distribuer que de travail à trouver pour les indigents, ce qui nécessiterait des relations étendues et fréquentes dans le monde industriel de Paris.

C'est probablement à une pensée de ce genre qu'a obéi le Conseil d'État en supprimant la catégorie de secours en travail, considérant d'ailleurs qu'il n'y avait dans cette disposition qu'un conseil platonique dont la place n'était pas dans un règlement ayant force de loi. Mais il ne faudrait pas en conclure qu'on a proscrit les secours en travail. C'est là une des branches encore inexplorées de l'assistance publique, et sur laquelle il y aurait lieu d'appeler l'attention de l'administration [1].

2° *Secours en nature.* — Dans le nouveau règlement, on a tendu à faire de plus en plus des secours en nature la règle, et à ne donner des secours en argent que dans les cas où ceux-là seuls peuvent être utiles.

Ces secours en nature se délivrent au moyen de bons que les administrateurs, commissaires et dames de charité doivent porter eux-mêmes aux indigents de leur circonscription. Cette prescription est d'une grande importance; elle permet au bureau de bienfaisance d'être exactement renseigné sur la situation véritable des indigents. Il est certain en outre que, distribués personnellement par les personnes charitables qui acceptent la mission désintéressée d'agents du bureau de bienfaisance, les secours sont accompagnés d'utiles conseils et d'aides personnels qui viennent en certains cas en augmenter sensiblement l'importance et l'utilité.

Ces bons sont nominatifs ou au porteur suivant une distinction qui n'est plus la même dans le règlement d'août 1886 que dans celui de 1860.

Ces bons, d'après le règlement de 1860, étaient nominatifs lorsqu'il s'agissait d'habillement et de coucher; au porteur lorsqu'il s'agissait

1. Il ne nous appartient pas, dans un travail d'exposition, de chercher à créer et à organiser un service nouveau. Il nous suffit d'indiquer qu'à notre sens il importerait d'organiser ce service en utilisant dans chaque arrondissement les bonnes volontés des industriels et négociants qui, formés à cet effet en commissions, déléguant à une commission centrale quelques-uns d'entre eux, pourraient lui donner une impulsion intelligente.

de comestibles, combustibles et autres secours en nature ; d'après ce règlement, le bon au porteur était le principe.

D'après le nouveau règlement, c'est le bon nominatif qui devient la règle. En effet, il est obligatoire pour tous les objets en magasin et dont le comptable a un compte à rendre. Pour les autres, il est facultatif, mais les préférences du règlement sont visiblement pour le bon nominatif. C'est une question de réglementation de détail qui est laissée aux bureaux de bienfaisance. On ne saurait trop leur recommander d'organiser le plus possible un service de bons nominatifs. On n'ignore pas les abus et les trafics auxquels donnent lieu les bons au porteur.

En tous cas, afin de gêner la spéculation, un délai de trois mois est imposé à la validité des bons au porteur qui doivent être timbrés par l'Assistance publique avant d'être mis en circulation.

Ce sont les magasins généraux de l'Assistance publique qui fournissent la plupart des objets destinés à secourir les indigents.

En outre des dons qui sont faits aux indigents, les bureaux de bienfaisance peuvent les aider au moyen de prêts de divers objets, tels que la lingerie.

Ce service est particulièrement confié au personnel secondaire des maisons de secours sous la surveillance des secrétaires-trésoriers.

La catégorie des secours spéciaux énumérés dans le règlement de 1860 a disparu dans le nouveau règlement ; les secours spéciaux sont indiqués sans groupement artificiel, et ils peuvent d'ailleurs rentrer dans la classification que nous avons faite ; nous les étudierons chacun à sa place.

3° *Secours en argent.* — Les secours en argent sont annuels ou temporaires, suivant les règles exposées plus haut. Quant à la quotité de ces secours, le règlement de 1860 ne fait aucune distinction entre eux : les bureaux de bienfaisance déterminent en séance, sur le rapport de l'administrateur divisionnaire, la quotité du secours en argent à allouer, s'il y a lieu, à chacun des indigents pour lesquels ils sont réclamés. Le règlement du 12 août 1886 établit au contraire que l'admission aux secours annuels est prononcée par la commission administrative, sur le rapport d'une commission spéciale qui examine et contrôle préalablement les propositions individuelles des administrateurs : il y a maintenant un double examen.

On a pensé en effet que l'allocation d'un secours annuel était une mesure assez grave pour motiver un examen plus approfondi : d'ailleurs les règlements de 1813 et de 1816 avaient remis au conseil général des hospices lui-même le pouvoir d'accorder ces secours, d'après une division des indigents en quatre classes, division disparue depuis 1860.

Quant aux secours temporaires en argent, l'article 39 maintient le mode de procéder du règlement de 1860. Le nouveau règlement établit qu'à la fin de chaque année, la commission administrative fera procéder à une révision de la liste des personnes qui reçoivent des secours annuels. Cette disposition nouvelle est nécessitée par la suppression du rôle des indigents et du recensement triennal qui en était le corollaire.

Les secours en argent sont distribués sur mandats nominatifs, valables pendant un mois ; mais les secours annuels peuvent être payés sans acquit aux porteurs de cartes nominatives, lesquelles constituent le titre des parties secourues. Le nouveau règlement s'est appliqué à mettre le plus possible en rapport l'indigent avec le membre du bureau chargé de s'en occuper ; c'est ainsi que les cartes nominatives sont divisées en douze cases sur lesquelles chaque mois l'administrateur divisionnaire doit apposer sa signature ; cette signature vaut certificat de vie de l'indigent et autorisation du trésorier de payer le secours, lorsque l'indigent vient déposer sa carte. Les bons, mandats et titres de secours doivent être remis directement aux indigents, ainsi que nous l'avons vu, par les membres du bureau eux-mêmes.

Enfin, le règlement de 1886, faisant disparaître la plupart des secours divers énumérés dans celui de 1860, autorise d'une façon générale et qui n'a rien de limitatif, les bureaux de bienfaisance à instituer des secours spéciaux pour frais de route et de rapatriement, loyers, apprentissage, admission dans les orphelinats, stations thermales et autres établissements de bienfaisance, ainsi que pour l'admission des indigents dans les Sociétés de secours mutuels.

On peut considérer comme secours annuels les secours représentatifs de séjour à l'hospice. Ce mode de secours est très utile et tend à prendre de plus en plus d'importance. Le séjour à l'hospice des vieillards indigents pèse très lourdement sur le budget de l'Assistance. Leur nombre croissant obligerait à des créations successives d'établissements coûteux, d'une organisation compliquée. D'autre part, si le séjour à l'hospice est un bienfait pour les indigents mal soignés dans leur famille, ou isolés dans la vie, il est fort pénible pour ceux que la pauvreté seule de leur famille oblige à cette cruelle séparation.

L'allocation d'un secours représentatif du séjour à l'hospice est donc une mesure excellente au point de vue financier, et aussi au point de vue de l'intérêt des indigents dont la présence dans la famille n'est plus, grâce à ces secours, une cause de gêne trop grande et qui peuvent profiter jusqu'à leur mort des douceurs de la vie de famille.

Il serait bon de compléter l'institution et de donner des secours représentatifs non seulement à des vieillards domiciliés à Paris, mais même à des vieillards qui, ayant eu, au moment de leur demande, les conditions réglementaires de domicile, se proposeraient d'aller se retirer chez des personnes de la campagne, désireuses d'avoir un pensionnaire. Ce système aurait l'avantage de permettre à l'Assistance publique de donner à un plus grand nombre de vieillards ce secours qui constitue une véritable retraite pour la vieillesse. En effet, le secours de 50 cent. par jour suffirait à la campagne pour faire accepter la charge de subvenir aux besoins d'un vieillard. On pourrait, dans ce cas, limiter les placements à la campagne aux circonscriptions des agences des enfants assistés, et confier, moyennant une légère indemnité supplémentaire, la surveillance de l'exécution des contrats aux directeurs de ces agences.

En développant ce mode de procéder, on pourrait arriver peu à peu à désencombrer les hôpitaux des vieillards qu'on y garde par charité, par suite de manque de place dans les hospices, à rendre au service des hôpitaux des places indûment occupées et qui font actuellement défaut.

Ce système se heurtait, dans le règlement de 1860, à une disposition prohibitive (art. 97) [1], qui n'a pas été reproduite dans le nouveau règlement.

Chaque année, le budget de l'Assistance publique fixe le nombre des secours représentatifs de séjour à l'hospice à distribuer entre les divers

1. Art. 97. — Si l'indigent admis au secours de l'hospice s'éloigne de la capitale, le paiement du secours sera suspendu ; s'il quitte sa famille, l'administration examinera si le secours doit être continué.

Le règlement de 1886, en ne renouvelant pas cette clause, et en ne l'abrogeant pas non plus expressément, a voulu laisser à l'administration le soin de peser les circonstances ; il y aurait bien vite des abus si la Ville de Paris devait soutenir un peu partout des individus qui auraient eu quelque temps le domicile de secours à Paris et dont on ne pourrait que difficilement ensuite surveiller les moyens d'existence et les autres raisons qui font maintenir ou rayer un indigent.

arrondissements de Paris. Ces secours sont accordés par la commission centrale d'admission dans les hospices et sont soumis aux mêmes formes et conditions que les admissions dans les hospices.

Ces secours sont répartis entre les arrondissements suivant les mêmes bases que les subventions générales pour le service des bureaux de bienfaisance (art. 73 du nouveau). Ces secours sont divisés en deux classes : 1° ceux de 1 fr. par jour ; 2° ceux de 50 cent.

Dans chaque arrondissement, lorsqu'une vacance se produit, soit par suite de décès, d'entrée à l'hospice ou de passage à la 1re classe, le bureau de bienfaisance présente à l'Assistance publique un ou plusieurs candidats, après délibération sur un rapport spécial des administrateurs divisionnaires intéressés.

Pour parer aux cas urgents, le directeur de l'Assistance publique peut accorder, sans présentation préalable des bureaux de bienfaisance, le vingtième des secours représentatifs.

Ces secours représentatifs ont été réunis par le nouveau règlement sous une même dénomination, mais ils formaient d'après le règlement de 1860 plusieurs catégories assez compliquées et qui, étant trop spécifiées, pouvaient éveiller dans la population l'idée d'un droit au secours.

Ces secours ne peuvent être cumulés avec aucun autre secours de l'Assistance publique autre que l'assistance médicale.

4° *Assistance médicale.* — L'assistance médicale est donnée aux pauvres des bureaux de bienfaisance sous deux formes : soit sur place à des jours et à des heures déterminés, dans des salles de consultations spéciales, soit au domicile même des malades.

Les soins médicaux donnés dans les salles de consultations sont la règle ; ceux donnés à domicile forment l'exception, exception assez large d'ailleurs, car, dans le cas où le malade ne peut sortir, il suffit d'une simple demande adressée au secrétariat du bureau de bienfaisance. Le secrétariat transmet alors les demandes aux médecins et aux administrateurs divisionnaires chargés de visiter les malades.

Les salles de consultations dont il est parlé dans le nouveau règlement ne sont autres que les maisons actuelles de secours, et c'est le personnel de ces maisons qui aide les médecins et exécute leurs prescriptions.

On s'est plusieurs fois demandé si les consultations sur place ne devraient pas être transportées dans les hôpitaux ; mais on a fini par reconnaître que les hôpitaux ne sont pas assez nombreux et sont par suite trop éloignés des malades, de sorte que beaucoup d'entre eux, qui peuvent aller jusqu'aux maisons de secours, ne pourraient se rendre à l'hôpital souvent éloigné. Ce sont ces mêmes motifs d'éloignement qui ont fait rejeter aussi la proposition de confier à la pharmacie centrale des hôpitaux, à l'exclusion des pharmaciens de Paris, la distribution des médicaments. Mais il n'en est pas moins certain que le système des consultations dans les maisons de secours et l'organisation de pharmacies dans ces mêmes maisons procèdent du principe qui tend à en faire des succursales en quelque sorte des hôpitaux. L'existence des pharmacies dans les maisons de secours a donné lieu cependant à certaines difficultés ; leur légalité a été justement contestée, aussi a-t-on restreint les préparations et distributions à faire à des tisanes et à des médicaments assez simples fournis par la pharmacie centrale, et l'on a eu recours aux pharmaciens de la ville, désignés à cet effet par les bureaux de bienfaisance. Les ordonnances des médecins mentionnent expressément si les médicaments doivent être délivrés par les pharmaciens de l'arrondissement ou par le dépôt administratif des maisons de secours, selon la distinction qui vient d'être énoncée. Ce n'est que dans les cas d'urgence que les médecins peuvent mentionner sur les ordonnances qu'elles seront servies sans distinction par le premier pharmacien auquel s'adressera l'indigent. Le nouveau règlement a laissé toutefois à l'administration le soin d'organiser le contrôle sur les pharmaciens et les conditions auxquelles ils devront souscrire pour être agréés ainsi que le tarif des médicaments.

La seconde forme des soins médicaux donnés par les bureaux de bienfaisance est, comme nous l'avons dit, le traitement à domicile. Ce traitement, ainsi que le secours représentatif du séjour à l'hospice, a pour objet de favoriser le développement de l'esprit de famille, et doit, ainsi que le dit une circulaire ministérielle, substituer à l'assistance de l'hôpital les soins affectueux et empressés des parents. Il doit de plus restreindre le nombre des admissions dans les hôpitaux : aussi les efforts ont-ils tendu à le développer.

On a vu qu'il suffisait d'une simple demande pour être admis provisoirement à ce secours. De même que les consultations aux maisons de secours sont une sorte de prolongement, d'extension des hôpitaux pour les maladies de moindre importance, de même les indigents auxquels s'adresse l'assistance médicale à domicile sont-ils plus nombreux et peuvent-ils être moins indigents pour ainsi dire que ceux qui reçoivent habituellement les secours des bureaux de bienfaisance. On comprend, en effet, qu'il y ait dans la famille ainsi secourue une indigence momentanée, accidentelle, résultant et de la perte du temps consacré par les membres de cette famille au malade lui-même, et de la cessation de travail imposée par la maladie, et des dépenses inopinées occasionnées à ce sujet. Aussi l'administrateur divisionnaire, ainsi que le prescrit le décret nouveau, doit-il être informé de la demande d'assistance médicale, afin de juger si cette assistance doit être gratuite. Elle est indépendante d'ailleurs des secours pécuniaires ou autres qui peuvent être accordés concurremment aux malades. A ce point de vue, le règlement de 1860 établissait des distinctions et des catégories qui tendaient à gêner la juste appréciation des besoins et des secours qu'il y avait lieu de leur réserver, et qui ont été rayées du nouveau règlement. C'est ainsi que les malades étaient, dans le régime de 1860, classés en deux catégories, d'après la nature de leur affection, aiguë ou chronique; que les malades rangés dans la 1re catégorie étaient visités au moins une fois chaque semaine, ceux de la 2e au moins une fois par mois, par un employé qui devait relever les dates des visites des médecins et faire un rapport à la commission du service médical.

Cette commission, maintenue dans le nouveau régime, est formée du président ou du vice-président de la commission administrative, d'un administrateur et d'un médecin désignés par le bureau, et du secrétaire-trésorier. Elle décide si l'assistance médicale doit être continuée ou suspendue, s'il y a lieu d'accorder des secours pécuniaires ou autres aux malades, et rend compte chaque trimestre au bureau de bienfaisance de la situation du service des malades ainsi que des dépenses que ce service nécessite.

Indépendamment des médecins qui, dans chaque circonscription, sont chargés du traitement des malades, soit à domicile, soit dans les salles de consultations, et du personnel secondaire des maisons de secours, qui aide les médecins pour les pansements et autres détails du traitement, des sages-femmes sont chargées des accouchements à domicile sous la surveillance du médecin de la circonscription. La question s'est posée de savoir s'il ne conviendrait point d'obliger le médecin à faire deux visites à la malade, l'une au début de l'accouchement, l'autre après l'opération. Le règlement s'est borné à prescrire aux sages-femmes d'appeler le médecin quand les accouchements présentent des difficultés.

Enfin, les indigents traités à domicile et dont la convalescence peut exiger des soins assez longs, peuvent être envoyés dans les asiles de Vincennes et du Vésinet ; ils sont désignés par le président de la commission du service médical. Le règlement de 1860 contient plusieurs prescriptions concernant les revenus que M. Montyon a légués à . Assistance publique pour les pauvres convalescents sortant des hôpitaux, et a chargé les bureaux de bienfaisance de leur exécution ; mais ces prescriptions concernant les hôpitaux, et l'exécution du testament d'un particulier n'ont pas trouvé place dans un décret formant règlement d'administration publique, et sont suivies conformément aux règles posées dans le règlement de 1860. Ce règlement, toutefois, distinguant entre les convalescents inscrits au contrôle des indigents et les non-inscrits, un arrêté préfectoral devra intervenir pour modifier ces règles. L'article 133 du règlement de 1886 dit notamment :

« Les secours à accorder aux convalescents non inscrits sont fixés « par une commission centrale qui se réunit chaque jour au chef-lieu « de l'administration, et qui est composée pour chaque séance de deux « administrateurs ou commissaires délégués par les bureaux de bien- « faisance, et du chef de bureau de l'administration générale chargé « des secours. »

En cette espèce, comme en une infinité d'autres cas, l'utilité se fait sentir d'une commission centrale qui réunirait tous les renseignements sur la situation de chaque bureau de bienfaisance, comparerait entre eux leurs besoins, et organiserait dans toutes les parties de la ville de Paris la péréquation des secours qui lui manque et que les mesures, prises dans les divers règlements et même améliorées par le nouveau décret, n'ont pu établir. Bien que le principe de la centralisation de l'assistance publique à Paris ait été admis et même en grande partie appliqué par la législation de 1849, les détails du service des secours à domicile ont été jusqu'à présent plus ou moins abandonnés aux administrations locales, et le plus sensible abus de cet abandon a été l'inégalité de traitement des indigents. Les bureaux de bienfaisance livrés à eux-mêmes n'ont pas de ressources propres pour tous les besoins auxquels ils ont à satisfaire ; aussi l'administration centrale de l'Assistance publique subvient-elle à ces divers besoins par des allocations dont la répartition a toujours laissé subsister bien des incertitudes et des inégalités; et ce qui n'a pu rendre cette répartition équitable, ce qui a empêché de l'établir sur la seule base qui soit réellement juste et certaine, le chiffre de la population indigente, c'est la rivalité des bureaux de bienfaisance, c'est la crainte que ces bureaux n'enflent la liste de leurs indigents. Il serait à désirer qu'au-dessus des bureaux de bienfaisance il y eût une organisation capable d'exercer sur eux une surveillance effective et entourée d'une autorité assez grande pour leur faire accepter ses décisions. Cette organisation pourrait se composer d'une commission centrale dont les attributions seraient d'ailleurs limitées au rôle de régulateur.

Sans doute, la centralisation des secours à domicile existe dans le conseil de surveillance ; mais cette assemblée ne s'occupe et ne peut guère s'occuper que de l'administration générale de l'Assistance publique : les représentants des bureaux de bienfaisance ne sont que les délégués de la généralité de ces bureaux et ont pour mission, bien plutôt de défendre les intérêts du service des secours à domicile que de défendre les intérêts souvent opposés de chaque bureau de bienfaisance. C'est pourquoi la création d'une commission centrale paraît être une des idées les plus fécondes du projet du conseil municipal. Elle donnerait satisfaction aux observations contenues au rapport adopté par le conseil, tout en laissant aux bureaux de bienfaisance des ressources propres, en respectant par suite leur autonomie, afin de ne pas décourager l'initiative et l'activité des administrations locales, et en tenant compte aussi de cette tendance des personnes charitables qui consiste à préférer secourir les pauvres les plus proches.

ENFANTS ASSISTÉS.

Jusqu'ici, dans cette étude, l'originalité de l'assistance publique à Paris n'a été examinée qu'au point de vue de la fusion des deux éléments de la charité publique habituellement séparés : le bureau de bienfaisance et l'établissement hospitalier. Cette fusion a donné naissance à une administration fortement centralisée, et dont la complication n'exclut pas la bonne organisation. Là ne s'arrête pas cette originalité. A Paris, l'administration qu'on appelle avec raison l'administration *générale* de l'assistance publique, a réuni tous les services charitables. C'est ainsi que, par héritage de l'Hôpital général qui avait la gestion de l'hospice dépositaire des enfants assistés, l'assistance publique fut chargée, par la loi de 1849, des enfants assistés, service essentiellement départemental et qui, partout ailleurs, est géré directement par le préfet. On a maintenu cependant à la préfecture de la Seine l'insp tion des enfants assistés; mais au lieu d'avoir, comme dans les départements, la charge directe des enfants assistés, elle se borne, dans le département de la Seine, à inspecter ces enfants et à contrôler la gestion des agents de l'assistance publique.

Cette attribution accordée à l'assistance publique, au détriment de la préfecture de la Seine, résulte de l'article 3 de la loi du 10 janvier 1849 qui confie la tutelle des enfants assistés au directeur de l'assistance publique.

Cependant l'autorité exercée par le directeur de l'assistance publique sur ce service n'est pas de même nature que celle qu'il possède sur les services hospitaliers et de secours à domicile étudiés ci-dessus. Pour ces services, il est le directeur responsable, chef d'une administration formant une personne civile, ayant des ressources propres, n'étant soumise pour son budget qu'au droit de contrôle et d'avis du conseil municipal; comme tuteur des enfants assistés, au contraire, il doit faire voter les crédits nécessaires par le conseil général qui possède une autorité presque absolue en cette matière. Aussi, bien que les enfants assistés soient rattachés à l'administration générale de l'assistance publique, ils forment en quelque sorte une administration à part, ayant un budget propre, des ressources propres, et dépendant d'une assemblée différente.

D'autre part, le préfet qui n'a pas légalement de service organisé à la préfecture pour exercer son droit de contrôle et sa haute autorité sur l'assistance publique, trouve dans l'inspection départementale un organe institué par la loi pour exercer son autorité d'une manière plus efficace sur ce service des enfants assistés.

D'ailleurs, à part ce rattachement à l'administration générale de l'assistance publique, la législation du service des enfants assistés de la Seine ne diffère guère de celle des autres départements.

Mais son organisation s'est ressentie du nombre considérable d'enfants, et de la complication résultant de la nécessité de transporter hors de Paris ces enfants; de sorte que si, au point de vue historique, la question doit être étudiée d'ensemble, sans distinguer Paris du reste de la France, quand on en arrivera dans cette étude aux diverses questions de l'organisation du service, il y aura lieu à chaque instant de marquer les différences.

I. — Historique.

Le premier hospice parisien des enfants trouvés a été l'hospice du Saint-Esprit, fondé en 1362; mais les bâtards en furent exclus par Charles VII.

Le Parlement de Paris, par arrêt du 13 août 1452, confia la charge des enfants trouvés aux seigneurs hauts justiciers. Ce fut l'origine des devoirs de l'État moderne envers ces enfants.

La première maison des enfants trouvés fut fondée par une veuve qui recueillit dans sa maison, appelée dans la suite *Maison de la couche*, un certain nombre d'enfants.

Cette maison, administrée par les servantes de cette veuve après sa mort, devint, par les pratiques qui s'y introduisirent, un objet d'horreur pour le peuple qui la surnomma *Maison de la mort.*

Saint Vincent de Paul émut la pitié des dames de charité de l'Hôtel-Dieu, Mmes de Marcillac, de la Peltrie, de Lamoignon, de Chantal, Mlle Legros. Celle-ci prit la direction de la maison de la couche transformée par les dames de charité.

Anne d'Autriche obtint de Louis XIII, en faveur de cette maison, une pension de 3,000 livres qui fut portée, en 1646, à 12,000 livres.

La maison de la couche devint l'hôpital des enfants trouvés dont l'administration, sous le contrôle d'un comité composé de dames en grande partie, fut confiée à l'Hôpital général en 1670.

Le seul mode d'admission des enfants à la maison de la couche consistait dans *l'exposition :* on refusait les enfants présentés par leur mère; ce n'est que lorsqu'ils étaient exposés soit dans l'église, soit au parvis Notre-Dame, soit même dans la rue, que les commissaires des quartiers les faisaient prendre et que les commissaires enquêteurs et les examinateurs du Châtelet décidaient de leur admission. Ce système d'admission fut maintenu jusqu'à la Révolution.

L'hospice n'était qu'un lieu de dépôt des enfants en attendant leur envoi soit à la Salpêtrière ou à l'hospice de la rue Saint-Antoine, soit chez des nourrices résidant à Paris ou à la campagne.

Tout d'abord, ces enfants avaient eu des nourrices habitant Paris à qui on payait 5 livres par mois; mais, par suite de l'augmentation du nombre des enfants, une industrie nouvelle naquit. Des « meneurs » parcoururent les campagnes, recrutèrent des nourrices qui se chargeaient d'élever des enfants de l'hospice dépositaire moyennant un salaire mensuel. Ces industriels, malheureusement, ne recherchaient en aucune façon des femmes offrant des garanties de soins pour les enfants; ils ne songeaient qu'à trouver des nourrices misérables qui subiraient facilement les primes prélevées par eux sur les gages. Ces meneurs payaient irrégulièrement les mois dus, ou bien, au contraire, avançaient avec une forte usure les mois non encore dus; de sorte que les nourrices exploitées, réduites à l'extrême misère, ne trouvant plus dans leurs gages une aide à leur existence, soignaient très mal les enfants qui leur étaient confiés. Ces abus des meneurs ne prirent fin d'ailleurs que très tard, en 1826, lorsque les percepteurs furent chargés du paiement des mois de nourrice.

C'est dans ces conditions désastreuses que les enfants étaient élevés. Cependant ils restèrent de plus en plus longtemps chez les nourrices : 3 ans d'abord, puis 5 ans à partir de 1690. Enfin, en 1789, l'usage était de les abandonner à ces nourrices jusqu'à l'âge de 16 ans. Des inspections mal réglementées, faites par les filles de la charité, étaient la seule garantie qu'avaient ces malheureux enfants.

Ce régime qui fonctionnait tant bien que mal à Paris et dans quelques villes et qui ne fonctionnait pas dans la plupart des autres communes de France, fut totalement changé à la Révolution.

Dès 1790, un décret de l'Assemblée nationale mit les dépenses des enfants trouvés à la charge des municipalités et des départements. Ces collectivités furent heureusement substituées aux seigneurs hauts justiciers dans l'obligation de pourvoir à la vie des enfants trouvés, obligation dont ceux-ci s'acquittaient fort mal.

La création d'un établissement général pour les enfants abandonnés fut prescrite par la Constitution de 1791.

Enfin, en 1793, c'est l'État lui-même, la nation, qui doit se charger « de l'éducation physique et morale des enfants abandonnés ». Le décret du 28 juin 1793 les désigne sous le seul nom d'*orphelins*, afin de couper court aux préjugés qui jusqu'alors avaient si durement pesé sur l'enfance abandonnée.

Ce décret forme véritablement le point de départ de la législation actuelle qui, bien qu'encore très incomplète, témoigne d'un énorme progrès sur l'état de choses de l'ancien régime.

La loi du 27 frimaire an V et l'arrêté du 30 ventôse an V qui en forme la suite, donnaient pour la première fois une législation complète sur les enfants assistés.

Ce ne sont plus les communes, c'est l'État, véritable héritier des seigneurs hauts justiciers, qui doit supporter la charge de ces enfants, lesquels sont reçus à ses frais dans tous les hospices civils de la République.

La méthode d'assistance consiste essentiellement dans la réception, à bureau ouvert, de l'enfant à l'hospice dépositaire, et dans son envoi, *en temps utile, selon l'âge, chez des nourrices ou chez des habitants de la campagne.*

Le libéralisme de la législation de l'an V amena des abus qui entraînèrent une réaction au détriment des enfants assistés. L'État ne se reconnaît plus chargé que des enfants de parents inconnus ; les administrations locales durent prendre soin des autres. (Circulaire de Chaptal, du 23 ventôse an IX.)

Dans le même ordre d'idées, la circulaire du 27 mars 1810 (Montalivet), cherche de nouveau à restreindre les charges de l'État, et manifeste dans l'administration un courant d'idées d'économies pour les finances de l'État, au détriment de la sécurité des enfants assistés.

Cette circulaire ne fit que préparer le décret du 19 janvier 1811 qui est conçu dans un sentiment de dureté peu humaine pour ces enfants.

On se préoccupait surtout de diminuer le nombre des enfants assistés. Le procédé suivi a quelque chose de cruel : l'enfant assisté est traité en véritable paria, il est sans liberté, sans pécule jusqu'à 25 ans, quand même il n'a pas été pris par le ministre de la marine pour le service de la flotte.

De sorte que les parents qui avaient encore de bons sentiments, qui sentaient encore l'étendue de leurs devoirs, reculaient devant l'abandon à l'hospice dépositaire, préférant risquer de les voir mourir entre leurs mains, de misère et de privations ; les mauvais parents, au contraire, pouvaient se décharger de leur progéniture avec encore plus de facilité qu'autrefois, puisque, n'étant pas arrêtés par la pensée du sort qui attendait leurs enfants après leur dépôt, ils trouvaient dans l'institution du *tour* un encouragement à l'abandon.

Aussi, ce décret, bien que très cruel et très inhumain, ne produisit pas, chose triste à dire, tout l'effet qu'on en attendait au point de vue de la diminution des abandons.

D'ailleurs, l'État avait pris ces précautions dans un intérêt financier, car il décida dans ce décret qu'il n'accordait qu'une somme annuelle et fixe de 4 millions, le surplus des dépenses devant être supporté par les hospices ou, à défaut, par les communes.

La Restauration ne fit qu'aggraver la dureté de la législation antérieure (instruction générale du 8 février 1823, Corbière).

Une circulaire de 1827 poussa la cruauté jusqu'à retirer à l'enfant assisté la seule chance de bonheur qu'il eût encore. Souvent ses parents nourriciers s'y attachaient et formaient pour lui une seconde famille plus attentive que la véritable. Profitant de cet attachement, l'État menaçait d'un échange d'enfants et n'accordait le maintien de l'enfant que dans le cas où le nourricier consentait à s'en charger gratuitement. L'État gagnait à ce système quelques économies, tant par l'acceptation de ce marché que par la mort qui suivait fréquemment les déplacements d'enfants trop jeunes; mais c'était une économie sinistre.

Lamartine, qui se fit à cette occasion le défenseur ému et éloquent des enfants assistés, obtint gain de cause.

Sous la monarchie de juillet, la loi communale du 18 juillet 1837 rangea au nombre des dépenses obligatoires le contingent assigné aux communes dans la dépense des enfants trouvés et abandonnés, et la loi du 10 mai 1838 fit de même pour les départements.

Plusieurs fois, en 1848, en 1850, 1853, 1856, des projets furent élaborés pour réglementer ce service livré par les circulaires ministérielles du premier Empire et de la Restauration aux fluctuations résultant des tendances variables d'économie ou d'humanité des divers ministres : aucun de ces projets n'aboutit. Incidemment, par la loi sur les attributions des conseils généraux (18 juillet 1866), la haute direction du service des enfants assistés changea de mains et passa aux conseils généraux qui, depuis cette époque, statuent définitivement sur tout ce service. C'est la consécration définitive des idées qui avaient réagi contre le principe généreux de la Convention de l'adoption large de ces enfants par l'État.

Enfin, la loi du 5 mai 1869 intervint pour régler seulement la partie financière de la question ; mais elle laissa de côté l'organisation même du service. L'État prend à sa charge le cinquième de dépenses intérieures et les frais d'inspection et de surveillance. C'est par cette création de l'inspectorat que l'État s'assure du fonctionnement du service laissé maintenant à l'autorité des conseils généraux ; les pouvoirs de l'inspecteur vont même, d'après la circulaire ministérielle du 3 août 1869, jusqu'à proposer l'admission aux secours temporaires, à rechercher et engager les nourrices. Cette institution eut donc un bon résultat. Elle permit à l'État de prendre une part importante à la direction même du service et de surveiller la gestion des intérêts des enfants par les départements.

Depuis plusieurs années, l'opinion publique, les Chambres et le Gouvernement se sont cependant émus des lacunes de ce service et ont cherché à y remédier. Le Sénat notamment a voté une loi actuellement soumise à la Chambre, qui organise, selon les idées modernes, l'assistance de l'enfance. L'État reprend dans cette loi le rôle que lui avait attribué la Révolution française, de protecteur né des enfants délaissés.

Nous aurons, à la fin de cette étude, à examiner en détail l'économie de ce projet de loi.

II. — Définition de l'enfant assisté. — Formalités d'admission. — Formes de l'abandon, exposition. — Tours. — Questionnaire.

Sous l'ancien régime, ainsi que nous l'avons vu, on entendait, par enfants assistés, tous les enfants rigoureusement abandonnés sur la voie publique par leurs parents inconnus. L'officier de police préposé à l'admission des enfants assistés n'acceptait pas d'enfant présenté par sa mère. C'était la seule règle qui liât cet officier de police, et on voit combien il était facile de l'éluder, un simple abandon sur la voie publique, après entente avec le commissaire de police, pouvait donner lieu à l'admission sans risques ni pour la mère ni pour l'enfant, d'enfants appartenant à toute classe de la société. Le nom que l'on donnait à cette époque à ces enfants les caractérise bien d'ailleurs; on les appelait : des *enfants trouvés*.

On peut donc affirmer que, sous l'ancien régime, il n'y avait, en somme, aucune autre règle que le bon plaisir des officiers de police pour l'admission des enfants assistés.

C'est ainsi que la Maison de la couche qui « n'avait été établie en « principe que pour les enfants nouveau-nés et privés de secours », se vit bientôt encombrée d'enfants sevrés, ainsi que le constate une délibération du 22 février 1675, qui décide d'envoyer les enfants « ne « voulant plus teter qui auront été apportés ou envoyés par MM. les

« commissaires du Chastellet » à la Salpêtrière, à la charge, non plus de l'Hospice de la couche, mais de l'Hôpital général.

Ces enfants envoyés à la Salpêtrière y mouraient dans une si grande proportion que, malheureusement bien plus tard, en 1757, on se décida à les envoyer en sevrage à la campagne.

Ce mode d'admission donnait de telles facilités aux officiers de police, que ceux-ci ne tardèrent pas à en abuser souvent de la façon la plus scandaleuse. Le lieutenant criminel de Paris, les procureurs fiscaux de la province, par abus d'autorité, prirent l'habitude d'envoyer des enfants à la Maison de la couche, de sorte qu'à la fin du XVIIIe siècle, le nombre des admissions augmenta d'une manière effrayante, ainsi que l'on peut en juger par ces chiffres : En 1670, date de la constitution officielle de la Maison de la couche, on constate 312 entrées, en 1671, 738. Un siècle plus tard, à la veille de la Révolution, on arrive à des chiffres énormes, supérieurs de beaucoup au nombre actuel des entrées malgré la différence de population à Paris. C'est ainsi que, en 1786, on compte 5,824 admissions, en 1787, 5,918, en 1788, 5,822.

Ces chiffres indiquent un état social déplorable, une corruption incroyable. Les mœurs de la fin du XVIIIe siècle engageaient les officiers de police à se montrer de plus en plus faciles pour les admissions. Ils encouragèrent la dépravation des mœurs en se mettant à la disposition de ceux qui voulurent bien gagner leurs faveurs pour faire disparaître les conséquences de leur libertinage. Du haut en bas de l'échelle sociale, les abus devinrent de plus en plus fréquents; des enfants d'artisans, de bourgeois, de grandes dames comme Mme de Tencin, de philosophes comme Rousseau, etc., entrèrent à la Maison de la couche.

Il se forma des industries pour favoriser cet excès. Des envois par voituriers furent faits régulièrement et tolérés ouvertement. Les abus prirent de telles proportions qu'un arrêt du Conseil du roi du 10 janvier 1779 s'exprima en ces termes : « Sa Majesté est informée qu'il vient « tous les ans à la Maison des enfants trouvés plus de deux mille en- « fants nés dans des provinces très éloignées de la capitale ; ces enfants, « que les soins paternels pourraient à peine défendre contre les dangers « d'un âge si tendre, sont remis sans précaution et dans toutes les saisons « à des voituriers publics, distraits par d'autres intérêts et obligés d'être « longtemps en route, de manière que ces malheureuses créatures, vic- « times de l'insensibilité de leurs parents, souffrent tellement d'un pa- « reil transport que près des 9/10 périssent avant l'âge de trois mois. »

Sous l'influence de ces mœurs nouvelles et des facilités du tour, l'exposition cessa presque complètement d'être en usage. Le délaissement dans la rue devint l'exception. Les facilités données à l'admission le rendait inutile, et par conséquent inexcusable[1].

Indépendamment de ce mode d'admission par l'arbitraire de l'officier de police, étaient considérés comme trouvés et pouvaient être envoyés à la Maison de la couche, les enfants nés à l'Hôtel-Dieu et à la Salpêtrière, qui servait alors de prison pour les filles publiques, lorsque les mères de ces enfants mouraient dans ces établissements.

Sous l'ancien régime, on peut donc définir l'enfant assisté : *L'enfant abandonné de parents inconnus, accepté comme assisté par l'officier de police.*

La Révolution française apporta un grand bienfait aux enfants assistés en proclamant pour la première fois l'obligation de la nation de subvenir aux besoins des enfants abandonnés. La Déclaration des droits de l'homme et du citoyen du 3 septembre 1791 confirme les intentions de l'Assemblée nationale qui, en déchargeant les seigneurs de leurs charges à cet égard, avait reconnu la nécessité de préparer une législation sur cette matière. Elle proclame qu'il sera créé et organisé un établissement général de secours publics pour élever les enfants abandonnés.

La Convention, dans un décret du 28 juin 1793, « charge la nation « de l'éducation physique et morale des enfants connus sous le nom « d'enfants abandonnés, qui devront désormais être désignés sous le « seul nom d'*Orphelins* ». Ce nom est bientôt changé d'ailleurs (4 juillet 1793) en celui « d'enfants naturels de la Patrie ».

La loi du 27 frimaire an V vint préciser les obligations de la nation : « Art. 1er. Les enfants abandonnés nouvellement nés seront reçus gra« tuitement dans tous les hospices civils de la République. — Art. 2. Le « Trésor national fournira à la dépense de ceux qui seront portés dans « des hospices *qui n'ont pas de fonds affectés à cet objet.* »

---

1. Nous sommes loin du XVIIe siècle : « Quand il se trouve, dit Bouchel, par les « rues de Paris quelqu'enfant exposé, il n'est loisible à personne de le lever hors « au commissaire du quartier ou à quelqu'autre passant son chemin. Il se doit « porter aux enfants trouvés, à Notre-Dame, en la maison destinée pour les nourrir « et allaiter qui est auprès de la maison épiscopale et fait le bas d'une ruelle « descendante à la rivière..... Et quant à lever l'enfant trouvé, si le commissaire « ou autre ne s'en entremet, craignant la dérision et soupçon l'enfant estre de « son fait, on envoye quérir la dame des enfants trouvés qui ne fait difficulté de « l'enlever en lui payant cinq sols pour le domicilier, à la porte ou estau duquel « ledit enfant aura été trouvé. »

Les lois de la Révolution sont très larges pour l'admission des enfants assistés. Elles considèrent comme enfants assistés tous les enfants misérables, orphelins, délaissés, nés de parents pauvres, aussi bien que les enfants trouvés proprement dits. C'est là le grand progrès en faveur de l'enfance misérable.

Malheureusement la situation financière de la France à cette époque ne permit pas d'appliquer sérieusement ces idées généreuses et jamais la situation de fait des enfants assistés ne fut plus précaire et plus terrible.

Les nourrices mal payées faisaient défaut, aussi la mortalité devint-elle effroyable : en 1797 elle atteint 92 p. 100.

On peut donc dire que la Révolution, tout en faisant passer dans les lois les idées philosophiques du XVIIIe siècle, tout en étendant légalement les bienfaits de la protection de l'État à l'enfance misérable tout entière, ne fut pas en fait, pour les enfants qui naquirent à ce moment, une période heureuse et bienfaisante; mais les principes modernes étaient posés et tous les efforts des philanthropes et des administrateurs éclairés tendirent, au XIXe siècle, à faire passer dans la pratique les idées de la Révolution française.

Ainsi que nous l'avons vu au chapitre précédent, la jurisprudence ministérielle varia selon les besoins financiers du moment. Mais depuis le décret-loi du 19 janvier 1811, qui, bien qu'ayant limité à forfait le sacrifice de l'État en faveur des enfants assistés à 4 millions, avait maintenu les principes de la Révolution française, en ce qui concerne l'admission, il s'est fait une réaction de plus en plus vive.

Le décret de 1811 avait admis comme enfants assistés : 1° les enfants trouvés; 2° les enfants abandonnés; 3° les orphelins pauvres.

Les *enfants trouvés* sont ceux qui, nés de pères et mères inconnus, ont été trouvés exposés dans un lieu quelconque ou portés au tour.

Ce titre d'admission correspond donc au mode d'abandon qu'on appelle l'exposition.

Les *enfants abandonnés* sont ceux qui, nés de pères et de mères connus et d'abord élevés par eux ou par d'autres personnes à leur décharge, en sont délaissés sans qu'on sache ce que les père et mère sont devenus ou sans qu'on puisse recourir à eux.

Les *orphelins pauvres* sont ceux qui, n'ayant ni père ni mère, n'ont aucun moyen d'existence.

Voilà donc bien nettement définis les enfants assistés. Le décret-loi de 1811 présente un double aspect.

D'une part, il fixe la situation des enfants assistés, et la définition qui leur est donnée est assez large, assez compréhensive ; il facilite également les abandons par l'institution du tour. Enfin, il ne limite à aucun âge l'admission des enfants abandonnés et des orphelins.

D'autre part, ces enfants qu'il admet assez généreusement à l'assistance de la nation, sans renier à cet égard les principes de la Révolution, il les traite avec une dureté tout à fait inhumaine. Il les met à douze ans à la disposition du ministère de la marine; il les prive jusqu'à vingt-cinq ans de toute liberté et de tout moyen de se faire un pécule. Le but secret de la loi est de constituer une pépinière de soldats à la disposition de l'Empereur. Peut-être aussi voulait-il, par la dureté du traitement infligé aux enfants assistés, détourner les parents d'abandonner leurs enfants. Le premier but de la loi fut peut-être atteint, mais le second ne le fut certainement pas, car des abus multipliés se commirent dans l'admission des enfants. Dans les départements où on voulut vérifier avec quelque sévérité les titres d'admission des enfants, on en a découvert un grand nombre qui n'avaient pas de droits à la charité publique, et qui, rendus à leur famille, diminuèrent considérablement le nombre des enfants à la charge du département.

Aussi, le 8 février 1823, le ministre de l'intérieur, de Corbière, donna-t-il une instruction générale qui sembla ne pas tenir compte de la loi de 1811.

Désormais, les orphelins pauvres sont exclus du droit aux secours publics : « L'indigence ou la mort naturelle des père et mère ne sont « pas des circonstances qui puissent faire admettre leurs enfants au « rang des enfants abandonnés ; ils ne peuvent être classés que parmi « les orphelins et les enfants de familles indigentes à la charge exclu- « sive des hospices. » C'était un moyen de rejeter sur les hospices ou sur les communes les charges d'une partie des enfants assistés.

D'après cette instruction, l'admission ne doit plus avoir lieu que dans les circonstances suivantes : 1° dans le cas où un enfant a été exposé au tour ;

2° Quand l'enfant a été apporté à l'hospice après sa naissance par la sage-femme ou par le médecin ;

3° Quand la mère, accouchant dans un hospice, abandonne son enfant, après qu'on a reconnu l'impossibilité où elle est de s'en charger ;

4° Sur la remise du procès-verbal dressé par l'officier de l'état civil pour les enfants exposés dans tout autre lieu que dans l'hospice.

Voilà en ce qui concerne les *enfants trouvés.*

Quant aux *enfants abandonnés,* ils ne doivent être admis que : 1° sur le vu d'un acte constatant l'absence des parents ; 2° sur l'expédition des jugements correctionnels ou criminels qui les privent de l'assistance de leurs parents.

Enfin, cette instruction de de Corbière limite très arbitrairement et sans humanité à 12 ans l'âge d'admission des enfants abandonnés. Elle eut même la prétention, condamnée bientôt par la jurisprudence, de punir les mises aux tours en arguant des art. 348 à 353 du Code pénal, sur les abandons dans les lieux solitaires ou non solitaires. On ne sait vraiment comment qualifier cette manière de procéder : maintenir les tours tout en proclamant criminel l'usage de cette institution. Aussi les tribunaux ne se soumirent pas à cette étrange théorie.

D'ailleurs, cette circulaire n'eut pas l'effet qu'on en attendait ; le chiffre des abandons en France, qui était de 105,000 en 1821, s'éleva après la circulaire, en 1825, à 117,305, et, en 1833, à 127,507.

Domicile de secours. — Le domicile de secours, en ce qui concerne les enfants assistés, est fixé par le décret du 24 vendémiaire an II. Le lieu de naissance de l'enfant détermine naturellement le domicile de secours. On entend par lieu de naissance de l'enfant le domicile habituel de la mère au moment de l'accouchement.

Ce décret de vendémiaire an II donna lieu à de nombreuses difficultés ; et l'interprétation qui lui est donnée par le ministère, contestée chaque année par le conseil général, grève en effet le département de la Seine au profit des autres départements. L'Assistance publique a calculé qu'au moins un septième des enfants assistés de la Seine appartient en bonne justice aux départements qui cependant, pour la plupart, refusent de reconnaître leur dette. Ainsi, des enfants légitimes sont souvent admis au nombre des enfants assistés de la Seine, bien que l'on connaisse l'un des auteurs. Il en résulte que les préfets des autres départements opposent le texte de la loi et refusent de payer les frais d'entretien d'enfants reçus par simple humanité, et en dehors des cas prévus par la loi, à l'hospice dépositaire.

Un avis inséré au Bulletin du ministère de l'intérieur en 1851 (p. 99) établit le domicile de secours de l'enfant dans la localité même de l'accouchement, pourvu que la mère ait eu l'intention de s'y fixer et quelle que soit d'ailleurs la durée de son séjour.

Cet avis du ministère de l'intérieur est bien plutôt inspiré par le désir de mettre à la charge du département de la Seine, sans recours possible, la plupart des enfants déposés à l'hospice de la Seine, que par l'examen attentif des textes. La loi de vendémiaire an II attachait le domicile de secours à un fait positif, tandis que, comme le fait très bien remarquer le Dr Thulié dans sa belle étude sur les enfants assistés de la Seine, « le domicile habituel restera donc, d'après cette interprétation, « une question d'intention, même si cette intention ne dure pas après « l'accouchement et l'abandon même, si cette intention est feinte ».

En 1875, et depuis, le conseil général fit de pressantes réclamations au ministère de l'intérieur qui répondit en déclarant qu'il était trop difficile de constater le domicile *habituel* de la mère, que dès lors il fallait s'en tenir aux présomptions du domicile *réel*. Le ministère fait remarquer qu'on ne doit pas confondre le domicile habituel et le domicile de secours considéré au point de vue général. Si l'intention du législateur n'avait pas été de distinguer, la loi eût dit simplement : le lieu de naissance pour les enfants est le domicile de secours de la mère. « Autre chose, ajoute le ministre, est de savoir si, dans les con- « ditions actuelles de la vie, la durée du séjour exigé pour l'acqui- « sition du domicile de secours ne devrait pas être augmentée, notam- « ment à raison de la tendance chaque jour plus accentuée chez les « populations rurales d'abandonner la commune pour la ville. »

Ainsi le ministre accepterait de faire des concessions à l'Assistance publique sur d'autres points plus généraux, mais n'entend pas changer l'interprétation de son avis de 1851.

Ce qui rend la situation particulièrement délicate et ce qui fait que le département de la Seine, dans sa générosité, préfère payer à tort, c'est que cette recherche du domicile de secours, très utile pour le recouvrement des sommes dues par d'autres départements, peut avoir des conséquences désastreuses pour la vie des enfants. La femme venue à Paris pour cacher sa faute se verra découverte par la recherche du domicile de secours, la demande en répétition des frais d'entretien de l'enfant parviendra au maire de sa commune par l'intermédiaire du préfet de son département. Dans ces conditions, si, à Paris, l'hospice dépositaire ne se montre pas large dans ses formalités d'admission, s'il exige des renseignements trop précis sur la situation de la mère, combien de femmes se verront poussées à l'infanticide ! Cette considération a toujours eu pour résultat de faire accepter la situation qui lui est faite par le conseil général qui, tout en protestant contre la jurisprudence ministérielle, continue à se montrer généreux et humain.

On voit par ce qui précède qu'il y a encore une latitude assez grande dans l'interprétation de la loi et que, suivant les idées philanthropiques de tel ou tel conseil général, on peut plus ou moins restreindre les dépenses à la charge de tel ou tel département, c'est-à-dire, en définitive, augmenter ou diminuer le nombre des admissions [1].

La proportion des enfants assistés par 1,000 habitants est de 12,16 pour la Seine ; 7,17 pour le Rhône ; puis elle descend tout à coup à 2,45 pour l'Eure, et enfin à 0,30 pour la Manche. L'énorme proportion pour la Seine n'est pas due uniquement à la dépravation des mœurs d'une capitale ; c'est à Paris que les filles-mères de la campagne affluent naturellement. C'est à Paris qu'elles peuvent le mieux cacher leur faute, ou même en tirer parti. On a vu souvent des filles de la campagne venir mettre leur enfant aux enfants assistés pour pouvoir s'installer comme nourrices et gagner plus d'argent.

Il ne faudrait pas non plus juger de la moralité relative des régions d'après ces chiffres statistiques des enfants assistés. Il est, en effet, démontré, et avec un peu de réflexion on s'explique ce résultat, que c'est généralement dans les pays où il y a le moins d'enfants naturels que le nombre des infanticides est le plus grand.

Mode d'admission. — L'origine de tous les modes d'abandon a été,

---

1. M. Strauss, dans son rapport au conseil général de 1886, à l'appui des demandes incessantes faites à l'État de contribuer dans les dépenses des enfants assistés de la Seine s'exprime ainsi : « Il est à peine besoin de faire observer que, comme par « le passé, le département de la Seine continue à être la victime de la législation « sur le domicile de secours. C'est une injustice que nous préférons subir plutôt « que de faillir à nos traditions hospitalières. Plus du quart des abandons an- « nuels, ainsi qu'on le sait, proviennent d'enfants étrangers au département. Toutes « les fois que l'administration peut le faire, elle réclame le rapatriement ; elle l'a « fait en 1885 pour 498 enfants sur les départements, pour 81 sur l'étranger. Elle « a obtenu gain de cause vis-à-vis des départements pour 308. Le renvoi n'a pas « été demandé pour 3 enfants seulement en raison du secret réclamé par les fa- « milles. On distingue, dans les admissions de l'année, 15 enfants décédés avant « qu'aucune instance ait pu être engagée avec les gouvernements étrangers, « 125 enfants d'Alsaciens-Lorrains n'ayant pas opté, 8 d'origine anglaise, 1 d'origine « égyptienne, 1 d'origine mexicaine, 27 Belges et 12 Italiens ne réunissant pas les « conditions exigées par leurs gouvernements respectifs ; en définitive, et d'une « manière normale, notre service des enfants assistés recueille chaque année, pour « être élevés jusqu'à leur majorité, aux frais du département de la Seine, près de « 200 enfants nés de parents non français. »

comme nous l'avons vu, l'exposition dans un lieu public. L'habitude ayant été prise d'exposer les enfants surtout dans les églises, on prit soin d'y placer une sorte de crèche; puis, sous quelques portails, on fit des berceaux en pierre; plus tard, à la Maison de la couche, on installa un instrument d'importation italienne qui consistait en un berceau placé au dehors, pivotant à l'intérieur lorsqu'un enfant y était déposé; on eut, selon le mot de Lamartine, une machine d'ingénieuse charité, « qui a des mains pour recevoir et qui n'a point d'yeux pour voir, et « de bouche pour révéler ».

Il est certain que le tour constitua un énorme progrès sur l'exposition pure et simple qu'il arriva à supprimer presque entièrement. Quel intérêt avait la mère à déposer son enfant sur la voie publique ou même dans l'église, alors que le dépôt direct à l'hospice pouvait se faire sans trahir son secret ?

Ce mode d'admission a donc de très grands avantages :

1° Il supprime presque absolument les expositions ;

2° Il assure le secret et donne toute garantie de mystère aux filles-mères ;

3° La sécurité qu'il donne a pour conséquence de supprimer une des causes les plus importantes des infanticides.

Mais ce mode d'admission doit-il être rétabli, comme le voudraient nombre d'excellents esprits, comme l'a demandé notamment M. Bérenger? Oui, certainement, si un autre procédé plus moderne, plus souple, moins barbare, permettant de se plier plus facilement aux multiples circonstances des abandons, ne procure pas en même temps la sécurité du secret absolu. C'est là le point essentiel. Il faut de toute nécessité que la mère qui se résout à se séparer de son enfant puisse être assurée que son action ne sera pas révélée, que l'existence de son enfant restera à jamais ignorée, si elle n'a pas cette certitude, les graves motifs qui la poussent à abandonner peuvent l'entraîner soit à un infanticide, soit à l'exposition qui, dans bien des cas, arrive au même résultat : la mort d'un enfant que la société a le devoir de sauver.

Eh bien, ce mode d'admission qui a tous les avantages du tour, sans en avoir les multiples inconvénients, existe. Il est arrivé depuis peu à son plus haut point de perfection à l'hospice dépositaire des enfants assistés de la Seine : c'est la réception à bureau ouvert, sous la garantie du secret absolu, résultant de la faculté laissée à la mère de déposer son enfant sans répondre à aucune des questions qui pourraient aider à la faire retrouver.

D'où proviennent les abandons? On peut, au point de vue qui nous occupe, opérer la classification suivante : 1° La plupart des abandons viennent de femmes de mauvaise vie que la présence d'un enfant gênerait pour l'exercice de leur profession. M. Lafabrègue, directeur de l'hospice dépositaire de Paris, donne quelques exemples typiques dans son intéressant travail sur les *Enfants assistés de la Seine :* « Une « mère remet son enfant en disant (textuellement) : — Prenez-le, il me « faut des hommes et les hommes n'aiment pas les enfants. » Une autre mère répond à de sages exhortations : — « J'ai assez de vos ser- « mons, ils m'ennuient, je les connais, c'est le troisième enfant que « j'apporte à l'hospice et ce ne sera pas le dernier, dans un an vous « me reverrez. »

Pour celles-là le secret n'est même pas nécessaire. Il importe seulement que l'on soit large et libéral dans l'acceptation des enfants et, pour quelques-unes d'entre ces femmes, la réception à bureau ouvert avec les renseignements donnés sans difficulté a cet immense avantage de constituer à leurs enfants un état civil régulier. Si, plus tard, leur vie a changé, si elles veulent revenir à une vie plus honnête, elles pourront reprendre leur enfant sans crainte d'erreur, et elles auront dans son éducation une occasion de relèvement. Cet état civil régulier permet aussi aux pères de ces enfants de se repentir eux aussi, et de prendre en leur faveur un soin tardif mais utile.

2° La misère de la femme est une cause également très importante d'abandons d'enfants. Beaucoup de mères ne se résolvent à cette dure extrémité que dans l'impossibilité où elles sont de travailler en élevant leurs enfants.

La statistique de l'âge des abandonnés est probante à cet égard. En 1885 sur 3,137 admis, on compte d'abord 520 enfants légitimes, 53 enfants naturels reconnus par le père, 213 reconnus par la mère seulement. Ces 795 abandonnés ne devraient pas faire partie des enfants assistés, mais des secourus par l'Assistance publique. Ils proviennent presque tous évidemment de la misère. D'autre part, il est remarquable que sur les 3,137 admis, 1,232 seuls l'ont été à l'âge de 1 à 15 jours. Les autres ont tous été gardés par leurs mères jusqu'à des âges qui varient jusqu'à même quelques années : 1 à 3 ans, 383; de 3 à 6 ans, 222; de 6 à 12 ans, 261. On peut affirmer que pour tous ces enfants l'abandon n'a pas été motivé par le désir de cacher la naissance et la faute, mais plutôt par des causes multiples dont la misère est la principale.

Un plus grand développement donné au service des secours préventifs de l'abandon que nous étudierons plus loin pourrait éviter un grand nombre de ces abandons. Il y a là un champ d'action intéressant pour la générosité et l'ingéniosité du conseil général de la Seine et de l'Administration de l'Assistance publique.

Pour toutes ces mères encore, le secret n'est pas nécessaire, et l'enregistrement au bureau présente d'importants avantages. Si c'est la misère qui a poussé cette mère à abandonner son enfant, ne peut-on pas espérer qu'elle désire le reprendre lorsque sa situation se sera améliorée? Nous avons vu qu'à ce point de vue l'inscription a un avantage considérable; d'autre part, la mère, avant d'abandonner son enfant, sera reçue par la personne préposée à l'admission, qui est aujourd'hui une ancienne dame visiteuse, choisie avec le plus grand soin. Cette personne pourra, dans beaucoup de cas, éviter l'abandon par de bons conseils, par des indications sur des œuvres charitables qui pourront lui venir en aide. La mère ne trouvera pas, désespérée qu'elle est, l'aveugle machine qui lui enlèvera son enfant, sans une parole, sans une consolation, sans un essai de relèvement. L'avantage du bureau ouvert, c'est d'être un *tour vivant,* et par conséquent humain, accessible à la pitié.

3° Enfin, les abandons ont pour causes la honte d'une situation scandaleuse, le désir de cacher une faute, la nécessité de supprimer la preuve du déshonneur. C'est, dans ce cas, le plus connu du public, celui auquel on pense naturellement le plus, que le secret devient de stricte nécessité.

Voici le système suivi par l'Administration de la Seine. Il sera facile de juger qu'il donne toutes les garanties désirables.

L'admission des enfants assistés, trouvés, orphelins, abandonnés a lieu : 1° sur présentation directe à l'hospice; 2° par l'intermédiaire des commissaires de police, intermédiaire obligatoire quand les enfants abandonnés sont présentés par les sages-femmes. Négligeons ce second cas pour le moment.

Jusqu'en 1887, l'article 2 du chapitre II du règlement sur les admissions à l'hospice dépositaire des enfants assistés était ainsi conçu : « Toute personne qui présentera un enfant en vue de l'abandonner

« sera interrogée confidentiellement, conformément au bulletin de « renseignements adopté par l'Administration [1].

« Les données d'origine de chaque enfant seront tenues secrètes et il « est formellement interdit aux divers agents et employés du service « d'en révéler aucun détail.

---

1. AVIS AFFICHÉ DANS LA SALLE D'ATTENTE DU BUREAU D'ADMISSION DE L'HOSPICE DES ENFANTS ASSISTÉS.

La mère qui présente son enfant en vue de l'abandonner, est avertie que des questions vont lui être posées *dans l'intérêt de son enfant*, mais qu'il lui est loisible de n'y pas répondre ou de ne fournir qu'une partie des renseignements demandés.

La production du bulletin de *naissance* n'est pas obligatoire.

Bulletin de renseignements concernant un enfant présenté à l'hospice des Enfants assistés.

NOUVEAU BULLETIN.

—

§ 1er. — *Renseignements sur l'enfant abandonné.*

1° Sexe de l'enfant.
2° Nom et prénoms.
3° Lieu et date de naissance.
4° Indication de la mairie où il a été inscrit.

5° Est-il légitime ou naturel?
Dans ce dernier cas, est-il reconnu par . . . . . . { le père? / la mère?
S'il est reconnu, à quelle date et à quelle mairie.

6° S'il est inconnu, désignation des vêtements dont il était couvert et des signes dont il pouvait être marqué au moment où il a été recueilli, ainsi que l'indication du lieu où il a été recueilli.

7° Lieu de l'accouchement . . . { à domicile? / dans les hôpitaux? / chez les sages-femmes?

8° L'enfant appartient-il à un culte? *

ANCIEN BULLETIN.

—

§ 1er. — *Renseignements sur l'enfant abandonné.*

1° Sexe de l'enfant.
2° Nom et prénoms.
3° Lieu et date de naissance.
4° Indication de la mairie où il a été inscrit.
5° A-t-il été baptisé? dans quelle église? à quelle date?
6° Est-il légitime ou naturel?
Dans ce dernier cas, est-il reconnu par . . . . . { le père? / la mère?
7° S'il est reconnu, à quelle date et à quelle mairie?
8° S'il est inconnu, désignation des vêtements dont il était couvert et des signes dont il pouvait être marqué au moment où il a été recueilli, ainsi que l'indication du lieu où il a été recueilli.
9° L'enfant avait-il été mis en nourrice par sa mère, avec ou sans le secours de l'administration?
10° La mère est-elle dans l'impossibilité de continuer le paiement des mois de nourrice?
11° Lieu de l'accouchement. . { à domicile? / dans les hôpitaux? / chez les sages-femmes?

* S'il est catholique, indiquer la date et le lieu du baptême. — Le baptême n'est conféré à l'hospice qu'aux enfants pour lesquels il est expressément réclamé par les parents ou déposants.

« Il ne peut être, à aucune époque de la vie de l'enfant, donné de « renseignements sur lui à d'autres qu'à sa mère ou à la personne qui « a effectué l'abandon. Ces renseignements ne peuvent comporter que « l'indication de l'existence ou du décès. »

Cette disposition pouvait à la rigueur donner lieu à deux interpré-

---

NOUVEAU BULLETIN.	ANCIEN BULLETIN.
9° Explication détaillée des motifs qui ont amené l'abandon de l'enfant et renseignements particuliers.	12° Circonstances détaillées de l'abandon de l'enfant et renseignements particuliers.
§ 2. — *Renseignements sur les parents de l'enfant abandonné.*	§ 2. — *Renseignements sur les parents de l'enfant abandonné.*
1° Nom, prénoms, âge, profession, lieu, date de naissance et domicile actuel de la mère. — (Si elle est étrangère, bien préciser la *localité même* d'origine, ainsi que le canton et la province.)	1° Nom, prénoms, âge, profession, lieu de naissance et domicile actuel de la mère.
2° Si elle est originaire d'un pays annexé à l'Allemagne, indiquer si elle a opté ou non pour la France.	2° Si elle est originaire d'un pays annexé à l'Allemagne, indiquer si elle a opté ou non pour la France.
	3° Indiquer l'arrondissement sur lequel est situé le domicile de la mère.
3° Est-elle mariée et vit-elle avec son mari?	4° Est-elle mariée et vit-elle avec son mari?
4° Lieu et date du mariage.	
5° Nom, prénoms, âge, profession, lieu, date de naissance et domicile actuel du mari.	5° Nom, prénoms, âge, profession, lieu de naissance et domicile actuel de ce dernier.
6° S'il est natif d'une commune annexée à l'Allemagne, indiquer s'il a opté ou non pour la France.	6° S'il est natif d'une commune annexée à l'Allemagne, indiquer s'il a opté ou non pour la France.
7° Si l'enfant est naturel et reconnu par son père, où et à quelle date est né le père?	7° Si elle n'est pas mariée, indique-t-elle le père de son enfant?
	8° Dans le cas de l'affirmative, quels sont les nom, domicile, profession et gain par jour, ou autres ressources de ce dernier?
	9° Est-elle abandonnée ou secourue par lui?
	10° Habite-t-elle avec lui?
8° Époque précise, motifs et circonstances de l'arrivée de la mère à Paris. Dans quel but est-elle venue à Paris?	11° Époque précise, motifs et circonstances de l'arrivée de la mère à Paris. Dans quel but est-elle venue à Paris?
9° Indication complète, en remontant à deux ans au moins avant la naissance de l'enfant, de ses diverses demeures, des personnes chez qui elle a logé et de l'emploi de son temps à Paris.	12° Indication complète, en remontant à un an au moins, de ses diverses demeures, des personnes chez qui elle a logé et de l'emploi de son temps à Paris?
10° Papiers, lettres, témoignages ou autres justifications produites à l'appui des énonciations ci-dessus.	13° Papiers, lettres, témoignages ou autres justifications produites à l'appui des énonciations ci-dessus.

lations; mais celle qui fut suivie par l'Administration était la plus conforme au texte et à l'esprit qui semblait se dégager de la rédaction de l'article tout entier.

Cet article ordonne deux choses : 1° une interrogation à la personne qui fait l'abandon, faite conformément à un bulletin officiel de rensei-

NOUVEAU BULLETIN.	ANCIEN BULLETIN.
11° Est-elle logée en garni ou dans ses meubles?	14° Est-elle logée en garni ou dans ses meubles?
12° Quel est le montant de son loyer?	15° Quel est le montant de son loyer?
13° Son intention est-elle de se fixer définitivement à Paris ou dans le département de la Seine? Dans le cas de la négative, où compte-t-elle aller?	16° Son intention est-elle de se fixer définitivement à Paris ou dans le département de la Seine? Dans le cas de la négative, où compte-t-elle aller?
14° Quels sont ses ressources, son gain habituel et ses charges?	17° Quels sont ses ressources, son gain habituel et ses charges?
15° A-t-elle encore ses père et mère? Veut-elle indiquer les noms, prénoms, professions et demeure de ces derniers? En cas de décès, en indiquer la date et le lieu. Dans les deux cas, indiquer avec soin les noms et prénoms des auteurs des père et mère de l'enfant délaissé.	18° A-t-elle encore ses père et mère? Indiquer les noms, prénoms, professions et demeure de ces derniers. En cas de décès, en indiquer la date et le lieu. Dans les deux cas, indiquer avec soin les noms et prénoms des auteurs des père et mère de l'enfant délaissé.
	19° Sont-ils en état de le secourir?
16° A-t-elle eu d'autres enfants que celui qu'elle délaisse? Leur nombre, leur sexe, leur âge?	20° A-t-elle eu d'autres enfants que celui qu'elle délaisse? Quel nombre? Combien de garçons? Combien de filles? Leur âge?
17° Que sont-ils devenus? 18° Combien en a-t-elle abandonné? . . . . . { garçons. / filles.	21° Que sont-ils devenus? Combien en a-t-elle gardé à sa charge? . . . . . . { garçons. / filles. Combien en a-t-elle abandonné?. . . . . { garçons. / filles.
Où et quand l'abandon a-t-il eu lieu?	Où et quand l'abandon a-t-il eu lieu?
§ 3. — *Avis donné à la personne qui présente l'enfant.*	
1° A-t-on engagé la mère à se rendre à l'Assistance publique (bureau des enfants assistés) pour solliciter des secours pour élever son enfant?	22° A-t-on essayé de la détourner de ce projet en lui laissant espérer qu'elle pourrait obtenir quelques secours si elle élevait son enfant?
	23° L'a-t-on engagée à se rendre à l'Assistance publique (bureau des enfants assistés) pour solliciter le secours?
2° { A-t-elle sollicité et obtenu des secours? Les secours lui ont-ils été refusés? A-t-elle déclaré ne pas vouloir solliciter des secours?	24° { A-t-elle sollicité et obtenu des secours? Les secours lui ont-ils été refusés? A-t-elle déclaré ne pas vouloir solliciter des secours?

gnements ; 2° le secret le plus absolu tenu sur les détails révélés par cette personne, et sur toute l'existence de l'enfant.

Il y avait là une grande sécurité sans doute, mais elle ne pouvait être absolue. Matériellement, des renseignements circonstanciés existaient ou devaient exister sur l'enfant, et par conséquent sur la mère. C'était un secret administratif, mais non une absence complète de renseignements.

Les inconvénients de ce procédé frappèrent les divers rapporteurs du service des enfants assistés au conseil général qui, sur leur propo-

NOUVEAU BULLETIN.	ANCIEN BULLETIN.
Lui a-t-on offert le rapatriement sur son pays?	
3° Lui a-t-on dit que l'admission d'un enfant à l'hospice des enfants assistés ne constituait pas un placement temporaire, mais bien un abandon, et que les conséquences de cet abandon étaient les suivantes: Ignorance absolue des lieux où l'enfant sera mis en nourrice ou placé; Absence de toute communication, même indirecte, avec lui; Nouvelles de l'enfant, données tous les trois mois seulement et ne répondant qu'à la question de l'existence ou du décès.	25° Lui a-t-on dit que l'admission de son enfant à l'hospice des enfants assistés ne constituait pas un placement temporaire, mais bien un abandon, et que les conséquences de cet abandon étaient les suivantes: Ignorance absolue des lieux où l'enfant sera mis en nourrice ou placé; Absence de toute communication, même indirecte, avec lui; Nouvelles de l'enfant données tous les trois mois seulement et ne répondant qu'à la question de l'existence ou du décès.
4° Lui a-t-on rappelé les dispositions du Code pénal sur les suppressions d'état et sur certains abandons d'enfants?	26° Lui a-t-on rappelé les dispositions du Code pénal sur les suppressions d'état et sur certains abandons d'enfants?
§ 4. — *Renseignements sur la personne autre que le père ou la mère, qui a présenté l'enfant.*	§ 3. — *Renseignements sur la personne qui a présenté l'enfant.*
1° Nom et prénoms.	1° Nom et prénoms.
2° Profession et domicile.	2° Profession et domicile.
	3° Circonstances qui l'obligent à présenter l'enfant à l'hospice.
3° Est-elle parente, à quel degré? — Connaît-elle les père et mère de l'enfant abandonné?	4° Est-elle parente, à quel degré? — Connaît-elle les père et mère de l'enfant abandonné?
4° Pièces ou autorisations qu'elle produit à l'appui.	5° Pièces ou autorisations qu'elle produit à l'appui.
	NOTA. — Les sages-femmes qui font l'abandon d'enfants doivent être munies d'une autorisation du père ou de la mère. Cette autorisation doit spécifier qu'il s'agit bien de l'*abandon de l'enfant* et non pas de son placement.

sition, fit pendant de longues années des vœux pour que l'administration interprétât le texte du règlement dans le sens de la réception de l'enfant à bureau ouvert, avec la garantie du secret contenue dans la faculté de ne pas donner de bulletin de naissance, c'est-à-dire les renseignements servant à établir l'identité de l'enfant, et par conséquent de la mère. L'Administration de l'Assistance publique résistait cependant, d'abord en se basant sur le texte même du règlement, et d'autre part, au fond, sur les raisons suivantes :

« La suppression du bulletin de naissance obligatoire [1] enlèverait à « l'enfant l'espoir d'être recherché par sa mère, ou celui de la retrouver. Cet enfant peut avoir des frères et des sœurs ; s'il est aîné d'orphelins ou fils aîné de femme veuve, il lui sera impossible, en l'absence d'état civil régulier, de faire valoir les droits que cette situation « lui confère. En l'absence de pièces, des mariages pourront se conclure « entre frères et sœurs. Enfin, le bulletin de naissance et les questions « posées à la mère constituent une garantie contre les substitutions « d'enfants. Cette garantie disparaîtra en même temps que l'obligation « de produire un état civil et l'hospice qui recueillera les enfants « n'aura aucun moyen de savoir si la personne qui les apporte est

NOUVEAU BULLETIN.

Le bulletin qui précède a été rédigé et clos à Paris, le 18 .

Signature de la personne qui a fait le dépôt de l'enfant chez le commissaire de police :

Le Commissaire de police du quartier d

Signature de la personne qui a présenté l'enfant à l'hospice dépositaire :

Vu :

Le Directeur de l'hospice des enfants assistés,

Vu et proposé pour l'immatriculation :

Le Chef de la division des enfants assistés de la Seine,

Autorisé l'immatriculation :

Le Directeur de l'administration générale de l'Assistance publique,

ANCIEN BULLETIN.

Le bulletin qui précède a été rédigé et clos à Paris, le 18 .

Signature de la personne qui a fait le dépôt de l'enfant chez le commissaire de police :

Le Commissaire de police du quartier d

Signature de la personne qui a présenté l'enfant à l'hospice dépositaire :

Vu :

Le Directeur de l'hospice des enfants assistés,

1. Rapport Strauss, pour le budget de 1887, sur le service des enfants assistés, p. 31.

« bien leur mère, si elle ne les a pas dérobés, ou si elle ne s'acquitte « pas d'une commission pour le compte d'une autre personne. Il se « créera une industrie pour réaliser le placement des enfants dont on « voudra se débarrasser. Et il pourra arriver que l'administration soit « poursuivie un jour devant les tribunaux et peut-être condamnée « comme complice de larcins d'enfants qu'elle aura reçus sans contrôle. »

D'autre part, l'Administration de l'Assistance publique faisait valoir des considérations tirées de l'impossibilité, en l'absence de bulletins de naissance, de rechercher le domicile de secours, et des charges plus graves qui en résulteraient pour le département de la Seine.

Sans doute, ces arguments ont une grande force, mais ils reviennent surtout à démontrer les graves inconvénients pour l'enfant de ne pas avoir d'état civil régulier. Tout le monde est d'accord sur ce point; mais la question n'est pas là. Elle est de savoir si on supprimera la seule formalité qui pourrait éloigner de l'hospice dépositaire une mère ayant un suprême intérêt à cacher l'existence de son enfant; si, en un mot, par crainte d'un mal sérieux, mais non irréparable, on ne vouera pas à la mort un certain nombre d'enfants que le secret absolu accordé à la mère eût probablement sauvés. Ainsi posée la question est facile à résoudre. Le directeur de l'Assistance publique et le préfet de la Seine, faisant droit aux justes réclamations du conseil général bien inspiré par son rapporteur, M. Strauss, ont, par un arrêté de février 1887, puis après approbation du ministre de l'intérieur, modifié dans ces termes l'article 2 du chapitre II.

« Toute personne qui présentera un enfant en vue de l'abandonner, « sera *avertie que des questions vont lui être posées dans l'intérêt de* « *son enfant, mais qu'il lui est loisible de n'y pas répondre, ou de ne* « *fournir qu'une partie des renseignements demandés. La production* « *du bulletin de naissance ne sera pas non plus obligatoire*, etc... »

Le conseil général et l'Administration ont ainsi, sans bruit, par une disposition d'apparence modeste, accompli une réforme très importante qui a complètement modifié les conditions d'admission des enfants assistés. Cet acte est le couronnement d'une évolution qu'il est intéressant de suivre. Le tour fondé dans un esprit de charité, répondant aux besoins de l'époque, et assurant le bienfait du secret, condamné vers 1860 à raison des nombreux inconvénients qu'il entraîne, et enfin rétabli véritablement sous une forme rajeunie, plus moderne, plus souple, répondant aux besoins les plus divers, aux situations les plus compliquées. Cette réception à bureau ouvert avec secret absolu ou relatif selon le désir du déposant constitue, en effet, une sorte de tour vivant ayant tous les avantages de l'ancien tour sans avoir aucun de ses dangers.

Dans ces conditions les personnes qui forment la troisième catégorie des déposants d'enfants abandonnés auraient un avantage quelconque à voir rétablir le tour.

La plupart sont des filles de la campagne. Si elles ne se déplacent pas loin de leur pays, elles ont toute chance de voir leur secret découvert. Le tour établi dans une petite ville où tout le monde s'épie n'a pas de raison d'être, bien qu'il ait été ainsi pratiqué dans l'ancien royaume de Naples. La plupart des filles de la campagne qui, séduites, veulent cacher leur situation viennent se réfugier à Paris ou dans de très grandes villes où elles sont totalement inconnues. A la plupart d'entre elles le secret administratif suffit amplement. Pourvu que leur honte ne soit pas connue dans leur pays, et par la suppression totale de la recherche du domicile de secours on arriverait à la certitude absolue à cet égard, il leur est indifférent de répondre aux questions qui leur seront posées dans l'intérêt de leur enfant; et ainsi la réception à bureau ouvert aura cet avantage que, même pour un grand nombre d'enfants dont l'existence doit être cachée, on arrivera à constituer un état civil régulier.

Pour les filles ou les femmes qui veulent absolument garder un secret complet sur cet enfant qu'elles déposent à l'hospice, elles ont maintenant toute garantie dans la faculté de ne répondre qu'aux questions qu'elles accepteront.

Donc, au point de vue du secret, le rétablissement des tours n'est pas nécessaire ; il n'est donc pas désirable.

Quant aux infanticides, malgré l'augmentation constatée des attentats contre l'enfance depuis 1830, il est difficile d'admettre que le rétablissement des tours doive les diminuer. Si la moyenne décennale de 1831 à 1840, qui était de 412 infanticides, s'est élevée de 1851 à 1860 à 631, il est juste de constater qu'elle est restée stationnaire depuis, malgré la fermeture absolue des tours en 1860.

D'autre part, le secret étant aussi bien sauvegardé aujourd'hui qu'avec les tours, on ne pourra plus dire que c'est faute d'un moyen d'abandonner leurs enfants sans crainte de divulgation de leur honte, que les femmes se décident à tuer leurs enfants.

On peut même soutenir très raisonnablement que, loin d'être favorable à la diminution des infanticides, les tours peuvent les faciliter dans une certaine mesure.

On a constaté à Bordeaux et en Italie le dépôt, dans des tours, d'enfants morts.

D'autre part, si un enfant disparait, la mère peut toujours, avec l'existence du tour, répondre qu'elle y a porté son enfant tel jour. L'hospice recevant des enfants tous les jours, si l'enfant disparu est tout jeune, c'est-à-dire peu reconnaissable, il sera impossible de prouver le mal fondé des déclarations de cette mère.

La vérité, c'est qu'on peut diminuer le nombre des infanticides en même temps que celui des abandons par une extension et une impulsion énergiques données aux secours pour prévenir l'abandon.

III. — Des moyens de prévenir les abandons.

L'institution des secours aux filles-mères, destinée à diminuer le nombre des abandons, est due à la Convention qui en émit l'idée en 1793, et à M. de Gasparin qui la recommanda à l'Administration dans un rapport au roi, en 1837. Voici le texte de ce rapport qui donne bien exactement la notion de ce que doit être ce service : « Si la mère « pouvait nourrir son enfant, si, au moment de sa naissance, elle « n'était pas souvent dépourvue du plus strict nécessaire, elle se dé« terminerait difficilement à l'abandonner; si la femme véritablement « indigente avait l'espoir d'obtenir un secours alimentaire qui lui per« mettrait d'élever son enfant pendant les premiers temps, elle le gar« derait et ne s'en séparerait plus.

« Il s'agirait donc de remplacer, par un bon système de secours à « domicile pour la mère, les secours que l'on donne aujourd'hui à « l'enfant dans l'hospice; il s'agirait de payer à la mère les mois de « nourrice qu'on paye actuellement à une nourrice étrangère. »

Cependant l'institution grandit péniblement; dans certains départements le titre donné au secours : *secours aux filles-mères*, jeta sur elle un jour défavorable, par suite de préjugés inhumains. Malgré les encouragements de l'Administration centrale qui voulut donner le nom de *secours aux nouveau-nés*, le nombre d'enfants secourus resta faible. En 1859, 14,614 enfants seulement pour toute la France étaient ainsi secourus. La dénomination logique de *secours pour prévenir les abandons* prévalut, de nouveaux efforts de l'Administration vainquirent les résistances des départements. En 1869, la loi, art. 5, reconnut formellement l'existence de ce service. « Les dépenses extérieures comprennent : 1° Les secours temporaires destinés à prévenir ou à faire cesser l'abandon... »

La distribution et la répartition de ces secours est faite dans les départements par les inspecteurs des enfants assistés et à Paris par l'hospice dépositaire et la division des enfants assistés.

Les secours pour prévenir l'abandon sont donnés sous des formes différentes, selon les circonstances :

1° Secours d'allaitement ; 2° secours en nourrices ; 3° secours en argent.

Secours d'allaitement. Ce mode de secours est de beaucoup le meilleur, celui qui doit produire les résultats les plus efficaces et pour la mère qu'il peut moraliser, et pour l'enfant qui jouit ainsi des soins maternels. Il est cependant actuellement en décroissance, sans qu'on puisse expliquer pourquoi d'une manière satisfaisante. Ainsi, le nombre de secours de cette catégorie était de 3,522 en 1882, 3,006 en 1883, 2,928 en 1884, 2,862 en 1885.

Il arrive souvent qu'une mère nécessiteuse serait heureuse de conserver son enfant si les soins, la perte de temps qu'ils entraînent, ne la privait pas d'une partie de son salaire, au moment où elle en aurait le plus besoin. De là des abandons qu'il s'agit de prévenir. Le secours d'allaitement, qui consiste en une allocation mensuelle sous condition que la mère allaitera elle-même son enfant, remplit ce but. Mieux que tout autre secours il prévient l'abandon, parce qu'il est rare qu'une mère qui a commencé à nourrir son enfant consente à s'en séparer, et surtout à l'abandonner. L'amour maternel, presque vaincu à la naissance de l'enfant par la misère, la honte, la lassitude de l'accouchée, l'emporte sur tout autre sentiment lorsqu'il a eu le temps de s'exercer. Les faits sont éloquents à cet égard :

Sur 2,862 enfants secourus de cette manière, en 1885, 1,752 ont continué à être entretenus et allaités par leurs mères à la fin du douzième mois ; 446 étaient morts ; 402 ont vu supprimer leurs secours pour des causes diverses, notamment par suite de la disparition de la mère ; 249 ont été placés en nourrice ou bien ont été nourris au biberon par leurs mères. Enfin, 16 seulement ont été abandonnés. Ce chiffre d'abandons est très faible, surtout quand on le compare au chiffre d'abandons pour les enfants placés en nourrice : 22 sur 96.

Quant à la mortalité, il est difficile de savoir à quel chiffre elle peut être fixée, car les 402 secours supprimés représentent un grand aléa, mais toutes les statistiques s'accordent pour démontrer que la mortalité des enfants secourus est moindre que celle des enfants hospitalisés. Il est intéressant de citer, à cet égard, ce passage d'un rapport de M. Clémenceau qui, en sa qualité de rapporteur du budget des enfants assistés au conseil général de la Seine, s'est beaucoup occupé de cette question : « Votre commission estime que le but idéal vers lequel il « faudrait tendre doit être de mettre les enfants en nourrice chez leur « propre mère ; elle pense que c'est vers ce résultat, dont la portée « morale et financière lui paraît considérable, que l'administration « doit diriger tous ses efforts ; non qu'elle se dissimule les obstacles « qui pourront gêner la mise en pratique de ce principe, mais elle « croit que l'administration pourrait, dès aujourd'hui, étudier sérieu- « sement cet important problème. »

M. Clémenceau, bien que très partisan de ce mode de secours, ne se dissimulait pas les nombreux obstacles qui s'opposaient à la bonne organisation de ce service.

Constatons d'abord qu'une catégorie importante de mères nécessiteuses ne peut guère user de ce genre de secours. Nous voulons parler des domestiques et des ouvrières que la nature de leurs travaux oblige à travailler hors de leur domicile. Pour celles-là, il faut rechercher un autre mode de secours.

D'autre part, en ne considérant que les mères qui, par la nature de leurs occupations, peuvent conserver leurs enfants auprès d'elles et les nourrir, il est certain que la somme maximum de 350 fr. par an est bien insuffisante pour compenser la perte de temps résultant des soins dus à l'enfant. La mère, si elle ne reçoit pas de secours de ses parents ou de son amant, a déjà peine à vivre, même lorsqu'elle ne garde pas son enfant. Ce n'est pas, dans la plupart des cas, par cette allocation s'élevant à 350 fr. au maximum, et qui, dans la pratique, ne s'élève le plus souvent qu'à 280 fr., que la situation sera bien changée. Cependant le budget n'est malheureusement pas élastique ; quelle serait donc la solution ? N'accorder le secours d'allaitement qu'après enquête sérieuse sur la situation de la mère, et qu'au cas où réellement une allocation, qu'on pourrait élever par exemple au maximum de 500 fr., permettrait à la mère de conserver son enfant sans danger pour celui-ci. Dans la pratique actuelle, au contraire, le secours d'allaitement étant très en faveur auprès de l'Administration, on cherche avant tout à convaincre par tous les moyens les femmes qui viennent à l'hospice dépositaire de reprendre leur enfant et de l'allaiter moyennant le secours d'allaitement. Beaucoup de femmes acceptent sans réfléchir aux conditions difficiles de leur existence, aussi en résulte-t-il que beaucoup d'allocations sont données à tort, en pure perte, qui, reportées sur les femmes en bonne situation pour garder leurs enfants, donneraient un résultat sérieux. Une réforme en ce sens ferait probablement disparaître en grande partie ce chiffre sinistre de 402 secours supprimés pour causes diverses, qui se rapporte presque exclusivement à des disparitions de mères secourues. Qui peut savoir combien de ces enfants dont on perd la trace survivent, et dans quelles conditions? C'est là qu'est le grand vice du secours d'allaitement tel qu'il est donné et qui fausse toutes les statistiques les plus favorables. Il est urgent de porter remède à cet état de choses.

2° *Secours en nourrices.* Dans les cas assez nombreux où, par suite de ses occupations, ou de sa constitution physique, une mère nécessiteuse ne peut nourrir elle-même son enfant, l'administration se charge de fournir une nourrice. Autrefois, c'était la mère elle-même qui cherchait cette nourrice, l'administration lui allouait à cet effet soit un secours une fois donné (auquel cas il arrivait parfois que la mère mangeait l'argent et ramenait l'enfant à l'hospice), soit un secours mensuel, dit permanent, renouvelé de mois en mois jusqu'au dixième au maximum, et alors la mère, qui devait chercher la nourrice, mettait son enfant chez une gardeuse; il en résultait assez fréquemment la mort pour le pauvre être. Il arrivait aussi, dans le cas où la mère acceptait le secours en nourrice, que l'administration lui distribuait un billet dit « billet jaune » avec lequel elle se présentait au bureau municipal des nourrices ou à un bureau particulier dans lequel on lui fournissait les nourrices dites « mamelles de rebut ». Ces secours de nourrices étaient donc souvent illusoires ou funestes.

Depuis la suppression de la direction municipale des nourrices (1876), on procède tout autrement dans le département de la Seine. Le service des nourrices se trouve maintenant confondu avec celui des enfants assistés chargé du recrutement des nourrices. Cette confusion est d'ailleurs fort logique attendu qu'il s'agit là d'un service départemental et qu'il n'y a pas lieu de s'adresser à un établissement municipal pour fournir des nourrices aussi bien lorsqu'il s'agit de venir en aide aux mères incapables d'allaiter leurs enfants que lorsqu'il s'agit d'enfants assistés et immatriculés.

Les enfants sont envoyés à la campagne, à la condition toutefois que le secours de nourrice soit présumé assez long pour les exposer à un voyage assez chanceux en somme.

« Cette pensée que leurs enfants sont emportés au loin et que, peut-être, elles resteront assez longtemps sans les revoir, pousse les mères à préférer souvent le secours d'allaitement et les décide à garder ces enfants auprès d'elles[1].

Entre ces deux moyens extrêmes de venir en aide à la mère qui ne veut pas abandonner son enfant, la charité privée a depuis longtemps institué les crèches destinées à garder les enfants que leurs mères ne peuvent avoir toute la journée auprès d'elles, mais qu'elles peuvent allaiter. Moyennant une faible rétribution, ces établissements gardent pendant la journée les enfants des mères pauvres travaillant hors de leur domicile. Le décret du 15 mars 1862, complété par le règlement du 20 juin suivant, admet deux sortes de crèches, les crèches privées soumises à des conditions d'hygiène et de surveillance médicale et autre seulement, et les crèches approuvées qui peuvent participer aux secours de l'État. Le conseil municipal à Paris vote tous les ans une somme de 50,000 fr. (chap. XX du budget de 1887, art. 10) sous la rubrique : « Encouragements et secours pour la création et l'amélioration de crèches. » Les crèches ont pour principales ressources la charité privée. Les crèches approuvées se rattachent cependant à l'administration, en ce que le maire ou son délégué en est président honoraire, et que certaines règles de comptabilité et autres permettent à la surveillance administrative d'exercer les pouvoirs qu'elle tient des lois. Les crèches doivent remplir les conditions d'hygiène et de moralité nécessaires ; les berceuses soignent six enfants au-dessous de 18 mois, et dix de 18 mois à 3 ans. La condition fondamentale, qui explique

1. Dans son rapport sur les enfants assistés (budget de 1885), M. Strauss, qui dans le sein du conseil général s'est fait une spécialité de cette question depuis un certain nombre d'années, faisait remarquer que la progression des secours d'allaitement n'avait pas suivi son cours. Il en concluait que cette décroissance de l'abandon prouvait l'efficacité du secours, qui éveille le sentiment maternel et réduit la mortalité infantile. (Conseil général, pr. verb. 1885, p. 859.)

leur but, c'est que « les mères qui s'engagent à venir allaiter leurs nourrissons sont seules admises à profiter de l'institution des crèches » (art. 12, règlement du 20 juin 1862). Les mères reprennent leurs enfants le soir à la fin de leur travail et peuvent leur donner elles-mêmes les soins de la nuit. On a cherché en vain jusqu'à présent à établir des nourriceries ou crèches pourvues de nourrices pouvant suppléer les mères pendant leurs travaux du jour. On s'est heurté à la nécessité pour une mère allaitant la nuit son enfant de se débarrasser de son lait le jour et de continuer sans intermittence ses fonctions de nourrice. La même nécessité existerait *vice versâ* pour les nourrices de la crèche pendant la nuit. On a cependant cherché, avec un succès partiel, à tourner la difficulté par l'allaitement artificiel dont il sera parlé. La mère devant venir à la crèche toutes les deux heures environ pour allaiter l'enfant, ces établissements ne sont pas à la portée de toutes les femmes qui travaillent. Ils ne sont pratiques qu'à la condition que les mères n'en soient pas éloignées, et puissent venir sans grand dérangement pour leurs occupations. Les crèches ne sont donc pas utiles aux domestiques, par exemple, et à toutes les personnes employées à certaines industries et à certains commerces qui demandent un travail ininterrompu. Il faut dire toutefois que dans la pratique, assez souvent, le biberon vient faire patienter l'enfant, et que la mère, de connivence avec la directrice ou la berceuse, ne vient qu'une ou deux fois par jour à la crèche[1]. Dans une ville comme Paris, les crèches ne peuvent donc rendre un réel service qu'à la condition d'être nombreuses, répandues un peu partout dans les quartiers pauvres. Aussi serait-il désirable de voir une administration embrassant l'ensemble des besoins de la population pauvre, comme l'est l'Assistance publique, s'emparer de ces institutions pour les

1. Rapport de M. Strauss sur le service des enfants assistés, pour 1885. C'est en vain que, dans ces dernières années, une agitation s'est faite en faveur de l'allaitement artificiel, comme si l'on se proposait de montrer sa supériorité sur l'allaitement maternel..... Le Calvados a pu se croire favorisé des dieux en raison du petit nombre d'enfants nouveau-nés qui lui sont confiés..... Il résulte de diagrammes dressés par l'Assistance publique à cet effet que, sur cent enfants assistés de moins d'un an du département de la Seine, 68.52 ont de 0 à 4 mois, au moment de leur admission, tandis que cette proportion n'est que de 13.89 dans le Calvados. L'inégalité en faveur du département nourricier est encore plus accusée pour les enfants secourus : la Seine en reçoit 62.68 p. 100, âgés de moins d'un mois, le Calvados 3 p. 100. Or les décès du premier mois représentant pour leur part plus de 49 p. 100 des décès de la première année, il n'y a rien d'étonnant à ce que le Calvados puisse se prévaloir d'une mortalité infime : à Paris ces enfants meurent dans nos services, dans le Calvados ils meurent avant leur admission.

répartir suivant les besoins des quartiers, et remplir à cet égard les fonctions qui lui incombent à l'égard des enfants des pauvres. Les crèches en effet viennent précisément aider et compléter le fonctionnement des secours d'allaitement : ce serait développer et perfectionner ce système de secours, si préférable à tout autre lorsqu'il est possible, que de le rendre pratique par la création de crèches administratives qui permettraient de surveiller plus efficacement la mère et la manière dont le secours est employé. Cette création aurait encore pour avantage de permettre à bien des mères qui allaitent de travailler autre part que chez elles, et de gagner ainsi plus facilement leur vie : de là diminution du montant des secours d'allaitement, et répartition de ces secours entre un plus grand nombre de ces mères intéressantes. Ce ne serait pas la première fois d'ailleurs que l'administration penserait à se rattacher, dans la pensée d'étendre les bienfaits de l'Assistance publique, des œuvres qui jusqu'alors avaient le caractère d'établissements privés. On en a vu un exemple récent dans l'institution des asiles municipaux de nuit.

Ainsi les secours en nourrices tendraient à se restreindre encore si des mères, que leurs occupations ne permettent pas de rester chez elles et qui sont forcées d'habiter loin des crèches trop peu nombreuses que l'initiative privée a un peu semées au hasard jusqu'à présent, trouvaient toutes facilités pour confier leur nourrisson à une crèche voisine pendant qu'elles peuvent travailler et gagner une partie de leur vie.

Ce serait créer une forme nouvelle et très pratique du secours d'allaitement. On pourrait ainsi, sans augmenter considérablement les crédits, faire rendre à cette institution des secours pour prévenir l'abandon tous les services qu'on est en droit d'en attendre.

Il est donc nécessaire, si on veut apporter une amélioration sérieuse dans cette partie si intéressante de l'Assistance publique, de créer un réseau bien administré de crèches publiques et gratuites. On pourrait sans inconvénient distraire une partie du crédit affecté au secours d'allaitement pour faire cette création. En effet, dans la plupart des cas on pourrait avec avantage donner à la mère *un bon de crèche* qui remplacerait une partie du secours en argent donné actuellement. Les secours exclusivement en argent seraient réservés aux mères que leur métier empêcherait d'user de la crèche, et pour celles-là on pourrait donner un secours proportionné à leur situation, et calculé de manière à être efficace ; leur nombre serait relativement restreint.

Il convient, en effet, de faire remarquer que ces crèches de l'Assistance publique seraient exclusivement réservées aux mères nécessiteuses et dans le but d'éviter les abandons. Les crèches privées conserveraient leur clientèle d'ouvrières pouvant consentir un sacrifice de 20 centimes par jour pour l'entretien de leur enfant dans une crèche et ne faisant pas partie des secourues de l'Assistance publique.

Quel que soit le mode employé, secours d'argent sous condition d'allaitement ou secours en nourrice, il y a là une dépense qui incombe à la Ville de Paris et qu'elle doit rembourser au département. Sans doute, ces secours ont pour effet d'alléger d'autant le service départemental des enfants assistés puisqu'ils diminuent le nombre des enfants assistés, mais il n'y en a pas moins là une dépense d'assistance publique incombant non pas au budget départemental des enfants assistés mais au budget de l'Assistance publique. Le décret du 22 novembre 1876, qui a prononcé la suppression de l'ancienne direction municipale des nourrices, a décidé que le paiement des secours à accorder aux familles et aux mères nécessiteuses pour favoriser l'allaitement des nouveau-nés et à provenir des crédits à voter tant par le conseil municipal que par le conseil général serait confié aux agents du service des enfants assistés. En fait, l'Assistance publique prit à son compte la moitié de la charge de ce secours, et le conseil général inscrivit une somme égale au budget départemental. Cette somme a été ainsi, en 1877, de 200,000 fr. pour la part de l'Assistance publique; en 1879, de 350,000, en 1880, de 386,000.

Nous ne pouvons mieux faire que de terminer ce chapitre en citant le texte même du rapport de M. Strauss sur le service des enfants assistés en 1885 pour caractériser les secours d'allaitement et montrer la différence de cette institution avec le service proprement dit des enfants assistés.

« L'Assistance publique contribue pour moitié au crédit nécessaire « aux secours d'allaitement. Mais ce secours ne doit pas être détourné « de son but et de sa destination primitive ; il ne peut être affecté à des « mères nécessiteuses ; il ne rentre pas dans la catégorie des secours ordi- « naires de bienfaisance. Le secours aux filles-mères, tel qu'il a été institué « par le conseil général, n'est pas exclusif de l'intervention des bureaux « de bienfaisance. Ici, c'est en vue de l'enfant, pour l'enfant, en vue « d'éviter l'abandon, quelquefois même de prévenir l'infanticide ou « l'avortement, que le secours est accordé. Là, c'est la mère que l'hu- « manité commande de secourir : le ménage est pauvre, les ressources

« sont insuffisantes, l'ouvrier chôme, la misère a fait sa triste apparition. Il est de toute nécessité que l'Assistance publique accomplisse son œuvre ordinaire en faveur de cette mère infortunée, épouse légitime dont la situation n'est pas moins digne d'intérêt que celle de la fille-mère et qui, celle-là, mérite d'être secourue pour elle-même et non pas seulement dans l'intérêt de son enfant. »

IV. — Traitement de l'enfant assisté. — Système de surveillance adopté par l'administration.

Tout enfant admis à l'Assistance est d'abord inscrit sur un registre-journal qui contient tous les enfants assistés, puis sur un autre registre où sous le numéro matricule de chaque enfant sont consignés tous les détails concernant sa vie depuis son admission jusqu'à 13 ans. Cette immatriculation faite, on rive au cou de l'enfant un collier portant sur une médaille son numéro matricule. Ce collier ne doit pas le quitter jusqu'à l'âge de 7 ans. Puis une fille de service le porte, selon son âge et sa santé, à la crèche, au service des sevrés, ou à l'infirmerie. Tout enfant non sevré reçoit une des 30 ou 40 nourrices sédentaires qui se trouvent à l'hospice, à moins qu'il ne soit syphilitique, auquel cas il est nourri au biberon et envoyé à l'hospice spécial de Thiais dont il sera parlé plus loin. L'enquête très abrégée depuis quelques années sur le domicile de secours de la mère est faite, puis aussitôt, l'enfant est envoyé à la campagne chez une des nombreuses nourrices salariées par l'Assistance publique, qui doit le garder jusqu'à 13 ans.

Les principes de l'éducation des enfants assistés ont été posés dans l'arrêté du 30 ventôse an V.

L'article 7 de cet arrêté prescrit aux nourrices de représenter tous les trois mois les enfants qui leur sont confiés, à l'agent de leur commune qui certifiera que les enfants « ont été traités avec humanité, et « qu'ils sont instruits et élevés conformément aux dispositions du présent règlement ».

Cette surveillance, confiée par l'arrêté de l'an V aux municipalités, fut attribuée dès 1819 à des agents de l'Assistance publique appelés sous-inspecteurs, qui devaient recruter les nourrices, ordonnancer les dépenses payées par les percepteurs, et visiter quatre fois par an chaque enfant placé dans leur circonscription. Ils devaient en outre vérifier si les médecins et les nourrices remplissaient leurs devoirs.

Cette institution prit de plus en plus d'importance, arriva à former des circonscriptions fixes avec un directeur d'agence résidant sur les lieux mêmes de son inspection, de qui dépendent plusieurs circonscriptions médicales.

La loi de 1866, en donnant définitivement la haute main sur le service aux conseils généraux, avait eu pour conséquence la création d'inspecteurs départementaux nommés par le ministre de l'intérieur, et, en fait, chargés de tout ce service (décret du 31 juillet 1870).

On n'avait pas cru devoir appliquer à Paris ce décret, parce que la loi de 1849 ayant donné au directeur de l'Assistance publique la tutelle des enfants assistés, avait déterminé une organisation spéciale, à laquelle on n'avait pas voulu toucher.

M. Clémenceau, rapporteur du budget des enfants assistés au conseil général dès 1871, entreprit de faire adopter pour le département de la Seine, le système des lois de 1866 et de 1869, et du décret de 1870.

En effet, le directeur de l'Assistance publique remplissant sans contrôle la mission qui, dans les autres départements, était dévolue aux inspecteurs départementaux, il s'ensuivait que le conseil général de la Seine était privé du pouvoir d'initiative, du droit d'examen et de contrôle qui appartient aux autres conseils généraux, ou du moins ce droit et ce pouvoir étaient-ils mis en échec par ceux que la loi de 1849 met entre les mains du directeur de l'Assistance publique, tuteur des enfants assistés. Où s'arrête, en effet, cette tutelle ? Où commencent le contrôle du conseil général, et les pouvoirs de haute administration même à l'égard du tuteur, dévolus au Préfet de la Seine ?

L'inspecteur des enfants assistés dans les départements relève de l'administration supérieure : nommé par le ministre, il est chargé, non pas seulement d'assurer l'unité de service et l'uniformité des mesures propres à garantir la protection de l'enfance, mais il représente aussi le préfet, le chef du département, dans les actes d'administration et la gestion des fonds départementaux. Cette fonction était d'autant plus utile dans le département de la Seine que le départ entre les dépenses des enfants en dépôt, dont les frais incombent à l'Assistance publique de Paris, et celles des enfants dont le département a la charge, était et est encore sujet à un examen très attentif.

Aussi, à la suite de plusieurs vœux du conseil général de la Seine sur cet objet, le ministre de l'intérieur, rangeant à cet égard le département de la Seine sous la loi commune, nomma-t-il trois inspecteurs et trois sous-inspecteurs (30 juin 1874). Il est même à remarquer que le département de la Seine, grâce aux deux services, la division des enfants assistés à l'Assistance publique[1] et l'inspection des enfants assistés de la Seine, ne peut tomber dans le danger que l'on a reconnu pour les autres départements, la confusion du service d'inspection et du service administratif dans les mêmes mains.

Ajoutons que les actes instituant des inspecteurs départementaux soit dans le département de la Seine, soit dans les autres départements, ont été fondus et abrogés par le nouveau décret du 8 mars 1887, relatif à ce personnel. L'article 9 vise spécialement le cadre de l'inspection de la Seine : ce cadre comprend six inspecteurs et deux inspectrices, et indique les catégories dans lesquelles ils devront être choisis. Parmi ces inspecteurs on doit compter l'inspecteur principal qui centralise le service.

Avant ce décret, les inspecteurs étaient répartis en sept circonscriptions pour l'inspection desquelles était établi un roulement : on s'est demandé s'il y avait lieu de diviser le service en sept circonscriptions ou si les emplois d'inspectrices n'étaient créés que pour seconder les six inspecteurs dans le contrôle des soins à donner aux tout petits enfants, et pour lequel les femmes sont particulièrement compétentes. L'administration ne semble pas s'être encore prononcée à cet égard ; en écartant la question de dépense, il semblerait plus rationnel de prendre le second système.

Ainsi donc, les attributions respectives des diverses autorités qui président à la marche du service semblent bien déterminées, malgré les désaccords qui ont pu s'élever parfois. Le directeur de l'Assistance publique, tuteur des enfants assistés et chargé des enfants en dépôt, dirige le service commun à ces deux catégories ; il est placé sous l'autorité directe du préfet de la Seine, en ce qui concerne les enfants en dépôt, comme pour tous les autres services ; pour les enfants assistés, il est placé sous le contrôle des inspecteurs, en ce qui concerne les dépenses et le départ de ces dépenses entre l'État, le département et la ville de Paris, en conformité de la loi de 1869 ; les inspecteurs sont chargés en outre de faire un rapport annuel au Préfet, qui le soumet

1. La séparation des deux services concernant les enfants de l'Assistance publique et les enfants assistés a été demandée notamment par M. le docteur Thulié, plusieurs fois rapporteur du budget des enfants assistés au conseil général. La création de l'hospice de Thiais pour les sevrés de l'hospice dépositaire non envoyés à la campagne a en partie réalisé ce projet.

au conseil général, sous tous les détails du service. Enfin le directeur est placé sous le contrôle du conseil général en ce qui concerne tous les actes d'administration qu'il remplit soit directement, soit par les directeurs d'agence chargés sur place du recrutement des nourrices, de l'ordonnancement des dépenses, de la distribution des layettes, vêtures, etc.., de la visite des enfants à la campagne et de la surveillance des médecins-visiteurs[1].

Les pouvoirs de contrôle de l'inspection départementale se concilient très bien avec la tutelle légale exercée en vertu de la loi de 1849, par le directeur de l'Assistance publique. Il ne faut pas oublier en effet que cette même loi place, d'une manière générale, le directeur de l'Assistance publique sous l'autorité du préfet de la Seine et du Ministre de l'intérieur. Les inspecteurs départementaux nommés par le ministre de l'intérieur, et subordonnés directement au préfet de la Seine, sont chargés de représenter cette autorité du préfet en ce qui concerne le service des enfants assistés.

On voit, d'après ce qui vient d'être dit sur le partage des attributions et sur les diverses autorités chargées du service, que la dépense de ce service doit incomber non seulement au département, mais aussi à l'État et à la commune. Rappelons en résumé à ce sujet ce que nous avons dit dans l'historique des enfants assistés, à savoir que ces dépenses, qui dans l'origine et à défaut d'une organisation administrative complète incombaient aux communes, ont été par la Révolution imposées à l'État. L'État à son tour, après la création des ressources affectées aux budgets départementaux, a délégué le service et la charge elle-

1. Le service des enfants assistés est réparti entre trente agences situées dans douze départements et comprenant chacune plusieurs circonscriptions médicales. L'une de ces agences mérite une attention toute particulière, c'est celle de Paris. Suivant un vœu du conseil général, l'administration a rétabli l'an dernier l'agence de Paris supprimée en 1883. Il s'agissait, en effet, de surveiller les 450 enfants placés sous réserve de tutelle, et les 500 élèves du service des moralement abandonnés.

« Le rétablissement de l'agence de Paris, dit M. Strauss dans son rapport de 1886, aura les conséquences les plus heureuses, une fois proclamée l'assimilation des enfants secourus et des orphelins aux enfants assistés en matière de soins médicaux..... Le directeur de l'agence de Paris, merveilleusement secondé par nos dames visiteuses, à qui le corps d'inspection est unanime à rendre hommage, sera chargé de centraliser tous les renseignements sur les enfants secourus, orphelins, assistés sous réserve de tutelle et moralement abandonnés de Paris et de la banlieue. Les enfants recevront mensuellement..... la visite des dames visiteuses..... *du médecin*, etc..... »

L'administration prépare en ce moment l'organisation complète de cette agence toute spéciale, avec circonscriptions médicales.

même des enfants assistés aux départements, tout en se réservant le contrôle supérieur, qui intéresse trop l'intérêt général pour être abandonné à des administrations locales.

La loi du 5 mai 1869 relative aux dépenses des enfants assistés, indique les ressources et fixe les divers contingents assignés à l'État, à la commune et aux départements.

Ces ressources sont au nombre de cinq : fondations spéciales, amendes de police correctionnelle, fonds départementaux, contingent des communes, contingent de l'État.

Les fondations spéciales sont affectées d'abord au service intérieur, et l'excédent aux dépenses extérieures (circulaire pour l'exécution de la loi du 5 mai 1869).

L'attribution des amendes de police correctionnelle pour un tiers aux enfants assistés, remonte à l'arrêté des Consuls du 25 floréal an VIII. La loi de 1869 l'a maintenu. Le contingent des communes ne peut excéder le cinquième des dépenses extérieures : il est réglé chaque année par le conseil général. L'État n'a à sa charge que les frais d'inspection et de surveillance, et pour le département de la Seine, les frais d'inspection seulement, ceux de surveillance rentrant dans le service administratif fait par l'Assistance publique.

Les articles 2 et 3 de la loi indiquent suffisamment quelles sont les dépenses intérieures et les dépenses extérieures pour que nous insistions plus sur cette loi. Mais il importe d'examiner quels sont, au sujet du contingent de la ville de Paris, les rapports de l'Assistance publique et de l'administration municipale.

Les crédits afférents au service des enfants assistés figurent au budget de l'Assistance publique : c'est là une des conséquences de la loi du 10 janvier 1849 qui institue le directeur de cette administration tuteur des enfants assistés. Dans les autres départements, c'est l'administration départementale qui, en vertu de la loi du 18 juillet 1866, est chargée du service, et les crédits figurent en conséquence au budget départemental. Il résulte de cette situation particulière au département de la Seine plusieurs conséquences, dont l'une contient toutes les autres : nous voulons parler du droit d'examen du Conseil de surveillance sur ces dépenses. Le Conseil de surveillance, il ne faut pas l'oublier, n'a pas de compétence en dehors des questions se rattachant à l'Assistance publique de Paris ; et cependant le service des enfants assistés, malgré les efforts faits depuis 1870 pour le séparer du reste de cette administration et serrer par là de plus près le calcul des frais incombant à chacun des intéressés, est encore intimement lié aux autres services de l'Assistance publique. Il suit de là que le Conseil de surveillance a toujours réclamé le droit d'avis sur l'ensemble des dépenses. Or, quels sont les divers crédits inscrits au budget de l'Assistance publique avec affectation au service des enfants assistés, ce sont :

1° Les frais de séjour à l'hospice dépositaire, frais de service intérieur qu'il s'agit de ventiler avec les autres frais faits à cet hospice pour les enfants du dépôt, à la charge exclusive de l'Assistance publique. Les membres du Conseil de surveillance ont sur cet hospice tous les droits qu'ils ont sur les autres établissements de l'Assistance publique. Quant à la fixation du prix de journée pour établir le compte spécial des dépenses des enfants assistés, le Conseil de surveillance a tous les droits que lui confèrent la loi du 10 janvier 1849 et l'arrêté du 24 avril suivant.

2° Les dépenses du service extérieur, dont la loi de 1866 a remis la fixation à la décision souveraine du conseil général, laquelle tranchait ainsi la question des droits du Conseil de surveillance sur le service. D'après cette loi, les commissions administratives des hospices, dans l'espèce le directeur de l'Assistance publique, n'est chargé que de l'exécution des mesures votées par le conseil général.

Il est vrai que l'Assistance publique ne saurait se désintéresser complètement de la gestion du service des enfants assistés : elle contribue, nous l'avons vu, pour la moitié de la somme annuellement destinée à prévenir les abandons et à secourir les mères nécessiteuses. Ce serait là, il faut le reconnaître, le motif le plus légitime pour le Conseil de surveillance, de donner son avis sur la façon dont le service est dirigé ; mais il en est de même de toute subvention dont l'allocation n'implique pas le droit pour le donateur de participer à titre de conseil à la direction du service à qui la subvention est allouée.

Enfin l'administration de l'Assistance publique dirige le service des enfants assistés au moyen d'employés pris dans son sein, rétribués sur l'ensemble des dépenses du personnel de l'Assistance publique et qui forment une division spéciale. L'ensemble du crédit pour cette division s'élève à 75,000 fr. dont le budget de l'Assistance publique n'est pas remboursé.

V. — Traitement de l'enfant assisté à sa sortie de la tutelle administrative. — Tutelle légale du directeur de l'Assistance publique.

Nous avons vu par quels agents divers l'enfant assisté était surveillé dès son arrivée chez la nourrice : agents de surveillance, médecins, inspecteurs et inspectrices, etc..., les droits de l'administration sont à cet égard ceux de la tutelle civile. Nous devons combiner l'article 3 de la loi du 10 janvier 1849, remettant les pouvoirs de tutelle au directeur de l'Assistance publique, avec la loi du 15 pluviôse an XIII et celle du 27 février 1880, relative à l'aliénation des valeurs mobilières appartenant aux mineurs ou aux interdits et à la conversion de ces mêmes valeurs en titres au porteur. La loi fondamentale du 15 pluviôse, an XIII, porte notamment que la tutelle dure jusqu'à la majorité (art. 3).

Il peut arriver cependant qu'avant la majorité les pouvoirs de tutelle cessent : il s'agit du cas où, les parents réclamant l'enfant, l'administration s'est assurée, après enquête minutieuse, que l'intérêt de l'enfant commande qu'il soit remis à ses parents : mais il arrive bien plus souvent qu'il s'est établi entre ses nourriciers et l'enfant assisté devenu grand, une sympathie capable de remplacer les sentiments d'affection naturelle, et que l'assisté aime mieux rester chez ceux qui l'ont élevé que revenir dans une famille qui l'a abandonné alors qu'il était tout petit et qui voudrait ne le reprendre, maintenant qu'il est tout élevé, que parce que, loin d'être à la charge de ses parents, il peut être un instrument de production dans leurs mains.

A la fin du temps de l'école, des primes sont données aux instituteurs quand les enfants assistés à eux confiés savent lire, écrire et compter[1] : le tarif des mois de pension entre six et douze ans a été élevé dernièrement pour que les nourriciers n'aient pas à chercher un dédommagement dans le travail de l'enfant ; les agents de surveillance sont chargés directement des fournitures de classe, etc. Par tous ces moyens, et par d'autres encore, on le voit, on a pu assurer à l'enfant l'instruction, lui reconstituer une famille, en faire un véritable paysan, préservé de toutes les maladies et de tous les vices des villes dont il pouvait avoir le germe en naissant dans le milieu le plus misérable de

1. Le tarif des primes est de 85 fr. ainsi répartis : à l'instituteur, 25 fr. ; au nourricier, 50 fr., à l'enfant, 10 fr., lorsque ce dernier a obtenu le certificat d'études primaires.

Paris, enfin le faire renaître pour ainsi dire à la vie saine des champs. Aussi, dans ces derniers temps, le Conseil général de la Seine a-t-il cherché à créer des établissements agricoles, et notamment en Algérie, qui permettraient aux enfants de s'initier à l'agriculture et de s'établir ensuite à titre de colons dans les environs de ces établissements, sous le climat et sur le sol qu'ils ont appris à connaître et auquel ils se sont habitués dès l'enfance. A cet effet une loi du 27 avril 1886 avait attribué au département de la Seine, pour ses enfants assistés, les domaines de Kaddara, de Bou-Nassau et d'En-Noura : depuis cette loi est survenue une donation de M. Roudil, ancien aumônier de l'armée, au département de la Seine, consistant en quatre propriétés destinées à former l'établissement agricole des pupilles du département de la Seine. Le projet de construction comporte cent enfants.

De même, il a été créé depuis quelques années pour les indisciplinés et indisciplinées une école de réforme à Izeure qui fonctionne depuis peu et contient déjà 19 filles : on est en train d'étudier le projet de construction d'un quartier pour les garçons.

Les autres établissements pénitentiaires n'appartiennent pas à l'administration : ce sont des établissements de l'État ou des établissements privés dans lesquels l'Assistance publique, moyennant pension, met un certain nombre de ses pupilles indisciplinés placés dans des agences voisines de ces établissements : tels sont pour les garçons : Montferroux, Citeaux, Mettray, Saint-Bernard de Loos, Le Val d'Yèvres, Langonnet ; pour les filles : le Bon Pasteur de Saint-Omer, d'Arras, de Moulins, les Refuges de Tours, de Rennes, du Mans, les établissements de Méplier et de Blanzy. Sur ces enfants, le directeur de l'Assistance publique a tous les droits du père de famille et il use à cet égard des articles 375 et suivants du code civil.

On s'est demandé si l'âge de 12 ans était légalement l'âge maximum auquel les enfants assistés pouvaient encore être admis comme tels. La loi étant muette à cet égard, l'administration a fini par admettre au nombre des enfants assistés même au-dessus de 12 ans, les enfants de parents disparus ou décédés. Cette classification permet de donner au directeur de l'Assistance publique des pouvoirs qu'il n'a pas sur la catégorie des moralement abandonnés.

VI. — Des moralement abandonnés.

(PUPILLES DU DÉPARTEMENT DE LA SEINE.)

En dehors des enfants assistés, et jusqu'à ces dernières années, un certain nombre d'enfants orphelins, ou abandonnés plus ou moins par leurs parents, formaient toute une classe de vagabonds, continuellement sous le coup des sévérités de la justice, proie offerte au vice et à la prostitution, et sur lesquels l'administration, dans les progrès effectués depuis quelque temps sur la protection de l'enfance, devait particulièrement jeter les yeux.

Nous voulons parler des moralement abandonnés.

Il importe tout d'abord de définir exactement ce que l'on comprend par enfants moralement abandonnés, afin de savoir quels sont ceux dont l'administration peut légalement se charger et sur lesquels elle peut exercer exclusivement la puissance paternelle.

Plusieurs catégories d'enfants, en effet, quoique non compris dans le service des Assistés, sont susceptibles de participer aux bienfaits de l'Assistance publique, et réclament sa protection.

Déjà une loi du 19 mai 1874 a protégé l'enfance contre les abus de la puissance paternelle en ce qui concerne le travail que des parents inhumains ou des patrons peuvent imposer aux enfants dans un but lucratif. Mais cette loi ne leur a pas fourni les ressources nécessaires à la vie. Aussi le Conseil général de la Seine, de concert avec l'Assistance publique, a-t-il, dès 1880, pensé à recueillir et à préserver de tous les dangers qui entourent l'enfance abandonnée ceux qui, bien que non compris parmi les enfants assistés, étaient abandonnés, laissés à eux-mêmes, vagabonds, ou que les parents trop misérables ne peuvent plus avoir à leur charge et vont abandonner.

Les enfants moralement abandonnés forment ainsi trois catégories :

1° Les vagabonds, qui sont présentés par le parquet ou la Préfecture de police ;

2° Les insoumis, que les parents se reconnaissent impuissants à diriger ;

3° Les secourus, que des parents indigents, retenus au dehors, etc..., ne peuvent plus garder : ces derniers devraient être secourus il est vrai par le bureau de bienfaisance : mais il est plus avantageux de toutes façons de les mettre comme ceux des deux autres catégories sous la surveillance et la direction d'un service tout organisé.

Les vagabonds, c'est-à-dire ceux de la première catégorie, sont réellement les seuls moralement abandonnés, et ce n'est que par extension, par humanité surtout, que l'administration s'est aussi chargée des deux autres. Dans l'origine même, lorsque M. Quentin, directeur de l'Assistance publique, a organisé le service, il s'agissait de recevoir seulement les enfants de 12 à 16 ans de parents indignes.

Ce qui distingue particulièrement le service des moralement abandonnés du service des enfants assistés, c'est la difficulté légale dans laquelle, en l'absence d'une loi, se trouve l'administration au point de vue des droits de la puissance paternelle : ici les parents existent ; assez souvent même, aussitôt que l'enfant est recueilli, ils reparaissent armés de leurs droits civils, lui donnant de mauvais conseils, de l'argent pour les mettre à exécution ou s'évader, et entravant l'œuvre de l'Assistance publique. Or, le directeur de cette administration n'est pas tuteur des moralement abandonnés, et le tribunal civil s'est par suite refusé à appliquer aux moralement abandonnés les mesures de correction réservées aux enfants assistés, et à délivrer les ordonnances nécessaires : de là souvent l'impossibilité matérielle de remédier aux vices de ces enfants. « Les enfants, » dit à ce propos M. le directeur de l'Assistance publique dans son rapport sur les moralement abandonnés en 1887, « les enfants se rendent compte de notre « impuissance et la connaissent. Aussi, il n'est que temps que le directeur de l'Assistance publique soit revêtu de toute l'autorité, et pourvu « de tous les moyens nécessaires pour mener à bien l'entreprise, si « heureusement commencée, de la réforme des enfants vicieux Ces « moyens consistent surtout dans le vote de la loi sur la déchéance « paternelle et la création d'un établissement spécialement réservé à la « réformation des vicieux. »

Tant que cette loi ne sera pas votée, c'est-à-dire tant que les parents pourront intervenir, l'Assistance publique ne pourra pas éviter, ainsi que le déclare le rapport précité, que ce service ne devienne parfois une véritable « agence de placements temporaires. »

L'admission des moralement abandonnés est chose délicate. C'est le directeur de l'Assistance publique qui est appelé à reconnaître le fait, les circonstances et les motifs de l'abandon, et qui prononce ou non l'admission. Il lui faut tenir compte du cas où les parents viendraient à reprendre l'enfant pendant qu'il est en apprentissage, auquel cas une indemnité est due au patron. Il doit reconnaître aussi s'il se peut, à première vue, les aptitudes ou les vices de l'enfant, pour savoir où le diriger, soit en apprentissage, soit dans un établissement disciplinaire. Il est guidé souvent à cet effet par le rapport que lui fournit la préfecture de police ou le parquet en même temps que l'enfant lui est présenté.

Les admissions, d'ailleurs, ainsi que tout le service, ne sont soumises à aucune loi, à aucun texte précis. Tout est encore à l'état d'essai et nous espérons que si la loi s'est fait attendre, du moins elle sera faite en parfaite connaissance de cause.

Notons, pour en finir avec ces questions relatives à la définition et à l'admission des moralement abandonnés, que la ville de Paris vient encore en aide à une autre catégorie d'enfants qui, bien que non abandonnés, causent cependant une grande gêne à leurs parents. Nous voulons parler de la caisse des pupilles de la ville de Paris. Le Conseil municipal a voulu ainsi prévenir les abandons dans certaines situations de misère.

Une fois admis, les moralement abandonnés sont, sauf exception pour les insoumis et les indisciplinés, placés en apprentissage, sous la surveillance des directeurs d'agence des enfants assistés dans la circonscription desquels ils se trouvent placés. En attendant ce placement, ils sont tout d'abord envoyés au dépôt des enfants assistés.

En les plaçant à la campagne on a voulu surtout les dépayser, les éloigner de parents indignes qui pourraient avoir une mauvaise influence sur eux.

Les enfants mis en apprentissage le sont soit par groupes, soit individuellement. Les groupes sont formés par des envois de sujets réunissant les mêmes conditions d'âge, sans qu'il ait été possible de s'assurer de leurs antécédents ni de leur éducation. Pour les garçons on a remarqué que les groupes n'amenaient pas des résultats aussi satisfaisants que pour les filles.

Enfin l'administration a pu disposer de deux écoles professionnelles, situées l'une à Villepreux (Seine-et-Oise), l'autre à Montévrain ; la première destinée à l'apprentissage de l'horticulture et de la vannerie

(12 élèves), la seconde à l'apprentissage de l'ébénisterie et de la typographie (84 élèves). De plus deux écoles nouvelles sont en préparation, l'une d'ébénisterie à Alençon, l'autre de cordonnerie à Romorantin.

En ce qui concerne la surveillance des moralement abandonnés par les directeurs des agences des enfants assistés, l'Assistance publique a voulu réaliser des économies et se dispenser de créer un service parallèle. Cependant, elle a institué, comme essai, deux agences spéciales pour les moralement abandonnés, celles de Saint-Amand-les-Eaux et de Troyes. Ces deux agences ont parfaitement réussi. Peut-être vaudrait-il mieux voir les deux services absolument séparés. On pourrait réunir les 3,000 moralement abandonnés du département de la Seine dans quelques agences, au lieu de les disséminer dans les agences des enfants assistés et même dans des localités situées en dehors des circonscriptions des enfants assistés, ce qui force les directeurs des agences voisines à de grands déplacements. Il résulterait de cette spécialisation des agences de grands avantages pour les deux services : les enfants assistés, en effet, et les moralement abandonnés n'ont pas les mêmes aptitudes ni les mêmes dispositions : les premiers sont habitués aux champs depuis la première enfance et sont faciles à élever ; les autres, arrivés depuis peu, se défont difficilement de leurs habitudes de vagabondage, et sont tout imprégnés des mauvais exemples que la misère et le vice de leurs parents leur a fait passer sous les yeux. Arrivés trop tard, ils ne peuvent se faire au travail de la terre ; d'ailleurs plusieurs d'entre eux sortent de colonies pénitentiaires. Il est dès lors facile de penser que les moralement abandonnés, traités comme les enfants assistés, avec eux, dans les mêmes maisons, doivent leur être nuisibles. Ils ont pu si peu se plier aux travaux des champs que l'administration les envoie bien plutôt en apprentissage dans des manufactures, dans les verreries de l'Aube, dans les tissages de la vallée du Rhône et de la Loire, aux manufactures près d'Abbeville, de Vierzon, de Souvigny (Allier), etc... Elle passe à cet effet, par l'intermédiaire des directeurs d'agences, des contrats d'apprentissage, dans lesquels on n'a pas oublié tout ce qui a trait à la moralité, à l'instruction et à la surveillance de ces esprits souvent aigris par leur vie antérieure. Il importe de noter ici que les évasions sont malgré tout assez fréquentes.

Exprimons ici notre regret de voir l'Assistance publique, au sujet d'une œuvre toute humanitaire, dont l'initiative et la création sont tout à sa louange, adopter pour les moralement abandonnés des procédés qui vont à l'encontre du but qu'elle s'est proposé. Il s'agit, en effet, bien plus encore que pour les enfants assistés, de ramener au bien des esprits déjà dominés par de mauvaises habitudes. Or, si la constitution physique et les goûts de l'enfant l'éloignent du travail monotone et dur de la terre, ne peut-on pas trouver autre chose pour lui faire prendre des habitudes de travail et le moraliser? Cela ne vaudrait-il pas mieux que de le plonger dans ces agglomérations où il entend trop souvent les mauvais conseils de compagnons plus âgés dont les vices s'étalent sous ses yeux.

Le législateur a bien compris qu'il y avait pour les enfants, dans les manufactures, un danger plus grand que partout ailleurs, lorsqu'il a fait la loi du 23 décembre 1874. Il a reconnu que la surveillance était plus difficile et les périls qui entourent l'enfance plus nombreux. Or, ce sont précisément les grandes manufactures que l'administration semble choisir de préférence pour l'envoi des moralement abandonnés. Nous nous rendons compte, il est vrai, que la liberté de son choix n'est pas absolue, et que la dissémination plus grande de ces enfants nécessiterait une surveillance plus lourde et des frais plus considérables, mais nous voudrions voir cependant nos moralement abandonnés dans de petites usines, dans des forges, dans les petits métiers, plus près enfin du patron, plus près aussi de la vie de famille.

Sans doute l'Assistance publique pourra réaliser ces désidérata lorsqu'elle aura plus de fonds pour un service, encore à sa naissance, qui est appelé à un grand développement et à de grandes améliorations.

Budget des moralement abandonnés. — Ce budget monte en dépenses à 700,000 fr. environ. Pour faire face à ces dépenses, l'Assistance publique a fait de vains efforts pour obtenir une subvention de l'État, si intéressé au développement d'une institution qui lui enlève des vagabonds et allège d'autant les charges des établissements pénitentiaires. La ville de Paris contribue à la moitié des dépenses, et le département de la Seine fournit le reste, sauf quelques recettes tirées des produits des écoles de Villepreux et de Montévrain.

La conclusion de cette rapide étude est que le département de la Seine et la ville de Paris, en prenant l'initiative d'une création qui, nous l'espérons, s'étendra bientôt sur la France entière, ont forcé le législateur à s'occuper d'un problème laissé jusqu'alors en souffrance, à s'inquiéter d'un mal qui jusqu'alors se développait sans contrainte : le vagabondage des enfants; c'est un de leurs plus utiles efforts, un de leurs plus beaux titres à la reconnaissance de la Société [1].

---

1. Pour l'étude des projets de lois sur la Protection de l'enfance abandonnée, consulter les beaux rapports de M. Th. Roussel, sénateur, et M. Gerville-Réache, député.

(*Extrait de la* REVUE GÉNÉRALE D'ADMINISTRATION.)

Nancy, Imprimerie Berger-Levrault et Cie.

LIBRAIRIE ADMINISTRATIVE BERGER-LEVRAULT ET Cie

Nancy, imp. Berger-Levrault et Cie

www.ingramcontent.com/pod-product-compliance
Ingram Content Group UK Ltd.
Pitfield, Milton Keynes, MK11 3LW, UK
UKHW020315250726
13967UKWH00004B/1733